飞鹰传媒
AQUILA·MEDIA

# 第160航空团

160th AVIATION REGIMENT

方戟◎编著

航空工业出版社
北京

# 前言

人类的历史就是一部战争史。

战争既给人类带来了深重的灾难，也推动了人类历史的不断发展。战争不是天使，战争也不是魔鬼。无论我们喜欢与否，都必须去面对它，去了解它，去掌握它。只有这样，战争才会真正离我们远去，和平才不会成为一纸空文。

中华民族是一个尚武的民族。在中华文明的早期，尚武的精神盛行于国家的各个阶层，渗透进社会的每一个毛孔，并最终催生了辉煌灿烂的汉唐盛世。后来，随着文明逐渐衰老，尚武精神也消磨殆尽，中国从此走上了长达千年的积弱、屈辱历程。

今天，我们再次走到十字路口。

冷战已经结束二十多年了，但世界和平并未来临。相反，一个新的战国时代正在缓缓拉开帷幕。经过数十年的韬光养晦、埋头发展，

今天的中国已然身处世界舞台的中央，影响举足轻重。但大国的崛起从来都不会一帆风顺，在我们身边，众多对手虎视眈眈。一着不慎，满盘皆输。选择对了，我们的国家和文明将迎来伟大的复兴和腾飞；选择错了，则将又一次陷入遥遥无期的等待之中。

强大的国家需要强大的国防，而国防的根本是人。只有我们每个人都具备了应有的国防知识和军事素质，我们的国防才能固若金汤。正是出于这样的考虑，我们邀请国内各军事领域的顶尖专家，合作编写了这套《飞鹰军事百科》系列丛书。这套丛书涵盖古今中外的各个军事领域，以科学的态度、活泼的文风，结合大量精美图片，为读者提供人类战争史上的各种军事知识，带领大家认识战争的真相。

我们相信，这样一部精心之作一定会赢得广大读者的喜欢！

PREFACE

# 目录
# CONTENTS

## 01 第一章 历史

# 95 第二章 现状 》

# 158 第三章 武器装备 》

# “暗夜潜行者”信条

**暗夜潜行 永不止息！**

“暗夜潜行者”面临的任务总是紧急而艰巨，只有极少数人能够胜任。而当那些在别人眼里看似不可能完成的任务成功完成后，唯一的回报就是另一个让人望而生畏的任务。

作为“暗夜潜行者”的一员，我是一名久经考验的战士，服务于美国的特种作战精英，誓死捍卫国家的荣誉和声望。我将时刻保证我的身体、头脑和装备处于最佳状态，不管是何时、何地，一旦接到命令就能迅速扑向目标，误差不超过 30 秒钟。

在执行任务时，我会力求隐蔽，利用黑夜作掩护，出其不意地进行突破和攻击。我遵循特种作战所必需的隐蔽、无声的原则，并致力于成为其中的顶级专家。但一旦战斗爆发，我将毫不畏惧地冲向敌人，实施迅速、勇猛的打击。对我来说，只有两个关注点：既定任务和飞行装备。

我绝不会投降，也不会让倒下的战友落入敌人的手中。在任何情况下，我都不会使我的国家感到难堪。我将勇敢地向全世界和我所服务的特种部队精英们展示，暗夜潜行者们都是经过精心挑选和高度训练的优秀战士。我将时刻谨记并坚决捍卫那些在我之前倒下的暗夜潜行者先辈们缔造的光辉和荣耀，热爱战斗，勇于取胜，宁死不退！

2014 年 4 月 28 日，太平洋海域，一架隶属于美国陆军第 160 特种作战航空团第 4 营 A 连的 CH-47"支奴干"直升机正准备降落在美国海军"贝里硫"号两栖攻击舰（USS Peleliu，舷号 LHA 5）的甲板上。"贝里硫"号正在为即将到来的部署行动进行海试

# 第一章 >> 01 历史

## 第 160 特遣部队

1980 年 4 月，为营救被伊朗恐怖分子拘禁在德黑兰美国大使馆中的美国人质，美国国防部发起了被称为"鹰爪行动"（最初又被称为"饭碗行动"）的多军种联合特种作战行动。这是一次大胆的行动，但最终却以失败收场。"鹰爪行动"失败之后，时任美国总统吉米·卡特下令成立一个评估小组，以分析此次行动失败所暴露出来的美军机制和能力方面的不足。评估小组组长由前美国海军作战部长詹姆斯·霍洛韦上将担任。最终的评估结果显示，美军缺乏针对此类秘密、临时任务进行充分训练和准备的作战人员及装备。

针对这一评估结果，美军高层进行了正式的讨论，并重新制订了解救人质的计划。为了确保计划能够成功实施，这一次，陆军高层将目光投向了肯塔基州坎贝尔堡的第101航空群。第101航空群隶属第101空中突击师，其拥有的直升机无论是数量还是种类在美国陆军中都是首屈一指，使用经验也最为丰富，并因此最有可能在短时间内发展出使用旋转翼飞机实施特种作战的能力。此外，当时它也刚刚完成了UH-60“黑鹰”直升机的试飞任务。作为美国陆军最新型的直升机，“黑鹰”经受住了各种模拟实战条件下的严酷考验，显示出了高度的安全性和可靠性。

这项被称作“蜜獾”的特殊计划的基本班底是第101航空群下辖的第158航空营C连和D连以及第159航空营A连，此外还有隶属陆军国民警卫队第229航空营B连的部分志愿人员。陆军高层赋予了这支临时部队“第158特遣队”的代号，因为它的核心是第158航空营所属部队。在各个组成单位中，第158航空营C连和D连配备新型的陆军用UH-60A“黑鹰”武装直升机，在行动中担任主要攻击任务。UH-60A“黑鹰”直升机是一种机动性和攻击力都很强的通用直升机，其强劲的动力使其能够在携带大量负载的情况下保持高速飞行。第159航空营A连装备的是CH-47“支奴干”直升机。CH-47是一种重型运输直升机，能够携带大量人员和装备。第229攻击直升机营最初只负责为OH-6“小鸟”轻型直

参加“鹰爪行动”的美军直升机群

升机提供飞行员，后来则直接加入进来，负责计划中的轻型直升机攻击行动。OH-6A 侦察直升机（也称为“小鸟”）因其体积小、便于运输，被选定执行轻型攻击任务。尽管“小鸟”直升机只能搭乘三名士兵及一名飞行员，但是却可以在各种恶劣地形条件下实施降落。这样，特遣队就拥有了从轻型的“小鸟”到中型的“黑鹰”再到重型的“支奴干”这样一个完整、合理的直升机型号序列。

从领受命令开始，特遣队成员就积极研究、制定适合特种作战支援行动的战术、技术和程序，为即将面临的任务做好充分准备。但在“蜜獾行动”开始之初，特遣队的各组成单位均各自独立展开训练部署。“黑鹰”直升机分队通过美国空军 C-5“银河”战略运输机的空中运输，转移到位于加利福尼亚州圣贝纳迪诺市的诺顿空军基地。在诺顿空军基地，基地人员对“黑鹰”进行了改进。经过改进后的“黑鹰”不仅航程大大增加，远距离导航能力也有了长足进步。在飞机改造的同时，机组人员则在加利福尼亚的沙漠中接受着高强度训练。在当时，能够利用夜视镜（NVG）进行夜间飞行的飞行员还不多，更没有飞行员能使用夜视镜在夜间驾驶 UH-60“黑鹰”直升机。这主要是因为当时“黑鹰”直升机上的机载设备和照明系统与夜视镜并不兼容，必须进行改进后才能开展训练。从 1980 年 6 月开始，“黑鹰”机组成员针对远程飞行、低空飞行，以及使用早期型号的 AN/ PVS-5 夜视镜进行夜间飞行

位于伊朗境内的“沙漠一号”（DESERT ONE）坠机现场

"鹰爪行动"中坠毁的美军 RH-53D 直升机

展开了密集的训练。飞行员首先要完成 10 小时的夜视镜课程学习，然后进入下一阶段的远距离导航训练。夜间飞行训练包括使用 AN/PVS-5 夜视镜进行 7.5 小时的夜间飞行。只有在使用夜视镜的情况下完成被称为"黑色路线"的指定路线三次的飞行员才能合格。随着熟练度的逐渐提高，任务变得更加复杂，要求也越来越苛刻，在漆黑环境下低空飞行以及近距离编队飞行的能力开始被提上日程。

相比"黑鹰"分队，"支奴干"运输机分队只能自行部署，远程奔赴目的地——诺顿空军基地。相关部门在位于飞行路线上的得克萨斯州拉伯克市的里斯空军基地以及位于亚利桑那州凤凰城的卢克空军基地均安排"支奴干"运输机分队进行停靠，为飞机提供燃料，并让飞行员短暂休整。随后，他们与"黑鹰"分队在诺顿空军基地会合。在那里，"支奴干"直升机也进行了改装，提高了最大航程。CH-47C"支努干"直升机尽管不像其他机型那样易于部署，但却具备载重大的优势，可以运输大量的人员和装备。在后来的行动中，"支奴干"直升机表现优异，尤其是在远距离作战行动中，可以发挥前线燃料和武器再补给点（Forward Area Refuel/Rearm Points，FARP）的独特作用。

被选定的"小鸟"直升机飞行员被送往位于密西西比州格尔夫波特市的密西西比州陆军国民警卫队航空兵支援分队，进行为期两周的 OH-6A"小鸟"直升机训练。训练结束之后，"小鸟"直升机及机组人员由空军 C-141"运输星"运输机转运到亚利桑那州的华楚卡堡，进行为期两周的任务训练。1980年秋天，AH-6"小鸟"武装直升机也加入了任务训练。"小鸟"武装直升机最初是由阿拉巴马州拉克堡的美军人员发展出来的。后来，由第229攻击直升机营挑选出来的人员和来自拉克堡的分队一起组成了第229攻击直升机营B连，成为特遣部队中驾驶"小鸟"的单位。到训练结束时，"小鸟"飞行员们已完成超过1000海里的训练飞行。"小鸟"直升机也由C-130"大力神"运输机转运到位于合适位置的前沿部署地域，继续为即将到来的任务进行训练。

1980年夏秋，尽管对所从事的任务一无所知，所有任务相关单位都持续进行了广泛训练，包括沙漠环境技能、远程密集编队、夜视镜导航等。秋末，机组人员自愿选择是否愿意留下继续该项任务。如预期的一样，大多数人选择了留下来。也就是在那时，自愿留下来的官兵第一次正式被告知有关"蜜獾行动"的简要情况。他们将作为空中力量突入戒备森严的美国驻德黑兰大使馆，进行解救被伊朗扣押人质的第二次尝试。

就在这时，情况发生了戏剧性的变化。1981年1月20日，在罗纳德·里根宣誓就任美国总统的就职典礼上，伊朗方面释放了美国人质。危机解除，"蜜獾行动"也随即被取消。第158特遣部队本应解散，所有人员都返回原属单位，然而，陆军领导层意识到，这种他们花了大量的时间、训练和资源才获得的独特能力在不久的将来必将重新派上用场，如果一旦失去，在危机面前他们将没有足够的时间来从头准备并做出有效反应，于是决定将其作为美国陆军长期性的特种作战航空单位保留下来，以备将来不时之需。这个新的作战单位不久后就改名为"第160特遣部队"，包括总部和勤务连以及两个分别装备MH-6直升机和AH-6直升机的轻型攻击连。随后，两个"黑鹰"直升机连和一个"支奴干"运输机连也加入进来，第160特遣队正式形成。不久后，总部和勤务连中的维护排扩充为维护连，并加入特遣部队。

第160特遣队成立后，各组成单位分别在坎贝尔堡的不同地点继续进行训练并发展专业技能。1981年10月16日，紧接着第158航空营指挥变更仪式，第160航空营在坎贝尔堡阅兵场正式成立。第158航空营的指挥官雅各布成为第160航空营的首位指挥官。几个月之后的1982年4月1日，第160航空营正式加入美国陆军大名单，隶属第101空中突击师。该营入编后的新任务是向第101空中突击师提供更具灵活性的支援，并负责对经过改进或全新的空中打击策略、方法及过程进行试验。

不像其他美军特种部队，美国陆军特种作战航空部队的存在是一个公开的秘密。经过过去30多年的不断发展和成长，从最初的第160特遣部队到第160航空营再到今天的第160特种作战航空团（SOAR），部队的组织结构和隶属关系都有了很大的变化，但很多人仍然习惯称其为第160特遣队。

## 成立初期

“士兵绿色排”（Enlisted Green Platoon）
训练中的“暗夜潜行者”成员

第 160 特遣队刚一成立，就立刻投入到高强度、高难度的训练中。这一方面迅速提升了这支新部队的训练水平，另一方面也导致了事故的频繁发生。仅在 1983 年 3 月到 10 月这短短 8 个月的时间内，第 160 特遣队就在训练中损失了 4 架飞机和 16 名飞行员，付出了沉痛的代价。这种远远超出常规部队的事故频率引起了广泛关注，甚至开始引发人们对是否应该保留这样一支部队议论纷纷。作为对这一系列事故的回应，美国陆军于 1983 年 10 月在肯塔基州的坎贝尔堡成立了“蓝丝带调查组”。在对事故进行认真分析和研究后，调查组建议设立专门的训练部门，这就是后来的“绿色排”。蓝丝带调查小组的建议被采纳并实施，训练中的事故开始明显减少。这支新单位度过了成立以来的第一次危机，免除了被裁撤的威胁。

“绿色排”后来发展成为专门的特种作战航空训练连。为了组织和管理好支持特殊行动任务所需要的诸多飞行项目，同时还成立了系统整合及管理办公室。训练连的任务主要是为部队提供集中化和标准化的训练项目，并将特遣队招募来的那些志愿加入的高水平飞行员培养成为能够胜任特殊行动任务的飞行员。新加入人员必须首先通过基本课程。该课程分为

“士兵绿色排”训练中的“暗夜潜行者”成员

2014 年 2 月 18 日，肯塔基州坎贝尔堡，在“士兵绿色排”——战斗技巧训练毕业典礼上，约瑟夫·西蒙斯上士和二等兵查理·肖亲密拥抱，庆祝后者成功毕业

士兵基本课程和军官基本课程，士兵基本课程持续 5 周，军官基本课程则持续 20 到 28 周。更早之前，士兵基本课程被称为“士兵入伍资格课程”，为期 3 周；军官基本课程则被称为“军官资格课程”，为期 14 周。通过以上基本课程的成员即会获得“基本任务资格”（Basic Mission Qualified，BMQ），成为“暗夜潜行者”的正式成员。

飞行员一般由军官担任。在富有经验的特种作战飞行教官的指导下，新加入的飞行员们要经过 4 个月的高强度训练，才能够获得“基本任务资格”，可以在任务中担任副驾驶。再经过一系列资格、经验的积累和领导能力的测试，飞行员最终要具备“完全任务资格”（Fully Mission Qualified，FMQ），能够在特种作战任务中担任指挥飞行员，策划特殊行动任务。这个过程一般是 12 ~ 18 个月。再通过 3 年到 5 年的进一步训练，表现卓越的飞行员可以取得“指挥飞行资格”（Flight Lead Qualified，FLQ），这标志着他将能够策划并指挥特殊飞行任务。

在“士兵绿色排”——战斗技巧训练毕业典礼上，刚刚戴上第 160 特种作战航空团褐红色贝雷帽的二等兵查理·肖立正站立

“最强勇士竞赛”(Maximum Warrior Competition)中，第 160 特种作战航空团医务兵科迪·西伯上士正缘绳攀爬通过障碍水塘。“最强勇士竞赛”是美国特种作战司令部举办的一项特种部队综合比赛，来自美军各特种部队的参赛者将进行全面的体能和技能对抗

华盛顿州刘易斯－麦科德联合基地，参加定点跳伞专家训练计划（Onsite Jumpmaster Training Program）的学员们正在等待登机。这批学员来自第 160 特种作战航空团、第 75 游骑兵团第 2 营和陆军特种部队第 1 特种部队群，总计超过 60 人。在整个训练期间，来自军事跳伞专家学校（Military's Jumpmaster School）的教官向学员们讲授成为一名跳伞专家所必须掌握的所有技术和程序

## “紧急暴怒”行动

## （1983 年 10 月）

“紧急暴怒”行动期间，在格林纳达某地等待撤离的美国留学生。照片拍摄于 1983 年 11 月 3 日

1983 年 10 月底，第 160 特遣队参与了第一次实战任务。在此之前的 10 月 19 日，格林纳达人民革命军根据格林纳达革命军事委员会的命令，将格林纳达总理莫里斯·毕晓普和他的一些紧密追随者杀害。革命军事委员会由哈德森·奥斯汀将军和其他 16 名成员组成，其目的是取代毕晓普的左翼政府，建立一个更加极端的的左翼政权。革命军事委员会目标明确、行动迅速，还得到了古巴的支持，政变很快就成功了。政变成功之后，他们随即采取了一系列措施，完成了对这个岛屿国家的控制。美国得到情报称，古巴的军队正驻扎在格林纳达，而古巴工人正在建造长达 10000 英尺[①]的跑道以供大型军用运输机使用。综合多方情报，并考虑到在格林纳达医学院留学的美国公民的安全，里根总统决定授权进行一次非战斗撤离（NEO）军事行动，帮助格林纳达恢复政治秩序。

① 1 英尺 = 0.3048 米。

UH-60A“黑鹰”直升机群掠过萨利纳斯角（Point Salines）。这是“黑鹰”入役以来首次参加实战

1983 年 10 月 21 日，第 160 特遣队接到命令，赶赴北卡罗莱纳州的布拉格堡，为在格林纳达的“紧急狂暴”行动做准备。任务命令下达时正值周末，许多人不在营区，因此要求一些无法及时赶回坎贝尔堡的特遣队员租车或开车赶往布拉格堡。作战计划在布拉格堡匆匆制订，特遣队的直升机由空军 C−130 和 C−5 运输机装载，运输到位于巴巴多斯的前线空军基地。每个参与实施任务的人员都得到了行动命令、地图以及执行清单。在接到通知 36 小时内，第 160 特遣队就已经做好了一切行动准备。

任务实施前，特遣队接到一个情报简报，称岛上只有大约 6 名有敌意的古巴人，所以这项任务将会像“在公园里散步”一样容易，当地人甚至都有可能在他们飞上海岸的时候“向他们挥手致意”。在此情报的基础上，特遣队员只配备了弹容量为 6 发的 .38 口径手枪及一些个人武器。尽管有人声称无须出动武装直升机，但特遣队还是进行了武装直升机部署。后来的事实证明，这些战前部署和“黑鹰”直升机的侧门火力至关重要，因为敌人要远比情报中所声称的难对付。

第 160 特遣队的主要任务之一就是运载特种部队人员秘密渗透进入敌方区域，并在完成任务后安全撤离。这也是他们在格林纳达的任务。在“紧急暴怒”行动中，配备有 MH-60“黑鹰”直升机、CH-47“支努干”运输机、MH-6 和 AH-6“小鸟”直升机的第 160 特遣队成为美军各特种部队的专属直升机行动支援力量。其主要目标有三个，分别是列治文山监狱、总督官邸以及广播电视台。情报报告称，奥斯汀将军的资深顾问团，即革命军事委员会成员，就驻扎在该监狱。另外，大多数被逮捕的行政人员和其他公民也被关押在这里。列治文山监狱建在一处旧城堡的遗址上，监狱俯瞰圣乔治镇。但同时，监狱也在弗雷德里克堡的俯视之下。弗雷德里克堡当时是人民革命军重兵把守的地点，上面布置了数量可观的人员，拥有强大的火力。在这两个地点之间是一个小山谷，这个小山谷是突击队员飞行的必经路线。

理想的情况下，“紧急狂暴”行动应该在夜间进行。原计划是用 9 架 MH-60“黑鹰”直升机运送特种部队士兵，于凌晨一点从巴巴多斯起飞。由于计划的复杂性，包括后来决策层的意见分歧以及空军的延迟，直升机直到早上六点半都还没有起飞，这比预计晚了 5 小时。这个延迟也意味着，他们将不能利用夜幕掩护悄无声息地潜入敌人后方，空中机动和突击行动只能在白天进行。由于敌军对这次进攻早有准备，这也将进一步增加他们防守上的优势。更要命的是，就在行动发起前，情报还显示说守卫该监狱的格林纳达士兵都只配有轻武器，这被证明是彻头彻尾的错误。

在从巴巴多斯飞往格林纳达的途中，飞行员把收音机调到了当地电台使用的频率，意外听到播音中敦促所有听众拿起武器在美国飞机飞上海岸后将其击落。尽管特遣队之前得到命令，所有飞机在行动中不得试射开火，但在听到电台中这个信息后，机组人员还是对所有机载 M60 机枪进行了试射。刚刚飞抵监狱南边的一座小山上空，“黑鹰”直升机群就立刻成为地面高炮密集火力的打击目标。抵达监狱后，特种部队士兵曾试图降落，但密集的地面火力使他们不得不放弃行动。在这种情况下，“黑鹰”编队只得暂时离开监狱区域，重新集结后进行第二次尝试。这一次，编号为 1 到 6 的“黑鹰”搭载陆军三角洲和游骑兵队员飞往列治文山监狱；编号为 7 和 8 的两架“黑鹰”搭载海军海豹队员飞往总督府营救保罗·斯库恩总督，并保证他的安全；编号为 9 的“黑鹰”则搭载海军海豹队员飞向广播电视台。

当前 6 架“黑鹰”接近监狱时，再次遭到地面炮火的猛烈轰击。6 架飞机都被击中，并不同程度受损，机上的机组成员和特战队员也大都受了伤，“黑鹰”编队随即中止任务并飞向海洋上空。幸运的是，他们在离海岸约 10 英里[1]处的海上看到了美国军舰。在第一架“黑鹰”接近军舰时，由于没有无线电与军舰进行联络，舰上人员并不知道飞机刚刚受到敌方火力攻击，也不知道机上有受伤的士兵，因此示意他们不要靠近。当“黑鹰”降落在军舰上后，赶过来的舰长一开始还非常生气，在看到飞机上的累累弹痕和受伤的人员后，赶紧下令救援。

① 1 英里 = 1.61 千米。

在运下伤员后，这架“黑鹰”随即起飞前往萨利纳斯机场。其他“黑鹰”也紧随其后，一架接一架降落在军舰上，运下伤员后随即起飞。然而，由基思·J·卢卡斯上尉和保罗·普莱斯一级准尉驾驶的“黑鹰”直升机却没能回来。他们在沿海岸飞行的时候被击中，没能抵达军舰所在的位置，最后在萨利纳斯机场东面坠毁。卢卡斯上尉也成为第160特遣队在“紧急狂暴”行动中唯一的牺牲者。在对监狱的两次攻击行动中，尽管第160特遣队的“黑鹰”飞行员和机组人员对地面敌人勇敢地实施了空中火力压制，但由于没有近距离空中支援，击垮敌方防御实际上是不可能的任务。对监狱的攻击行动最终失败，并蒙受了巨大损失。

格林纳达萨利纳斯角国际机场（Point Salinas International Airport）。照片拍摄于1983年10月

对总督府的攻击行动进行得也并不顺利。7 号和 8 号直升机第一次尝试在总督官邸释放特战队员时错过了释放点，并受到猛烈的炮火攻击。它们先飞到圣乔治港上空，然后又飞往美国海军“关岛”号两栖攻击舰重新集结。接着，他们又进行了一次尝试。这一次，7 号直升机顺利地将机上搭乘的特战队员安全放下，完成了对总督的解救，并成功驶离。与此同时，8 号直升机盘旋到官邸后方，机上搭载的特战队员本应可以顺利完成降落，但却遭到绕到官邸后门的敌军的火力攻击。之后，8 号直升机搭载着受伤的机组人员试图飞往美国海军“关岛”号两栖攻击舰，途中由于消防水带中的水进入发动机而造成发动机停转，最终迫降在海上，机上人员被救出。

“紧急暴怒”行动期间，一架受伤的 MH-6“小鸟”直升机降落在“关岛”号两栖攻击舰甲板上

在对总督府的攻击行动中，有 3 名特战队员下落不明。行动指挥部命令第 160 特遣队负责寻找失踪人员。4 名飞行员主动请缨。他们以为失踪人员仍在城中，当直升机飞进城中时，却接到消息说失踪人员在海面上，正在试图游上岸。飞行员继续进行搜索，成功解救了两名队员。第三名受伤队员在海面上游了 7 英里，后来游到一艘军舰旁边。舰上人员听到船体一侧有敲打声，才将该队员从海中救出。

电台和电视台方向的情况则大不相同。由于格军只派了少量兵力防守，9 号直升机搭载的特种部队小组顺利实施了攻击，完成预定任务，整个过程中没有人员伤亡。

截至目前，任务开始时的 9 架“黑鹰”直升机已有两架坠毁，剩下的 7 架“黑鹰”上的弹药也消耗殆尽。在试图降落在萨利纳斯机场时，它们遭到地面火力的猛烈攻击。幸运的是，就在他们降落几分钟后，由 C-141 运输机运载的美国陆军游骑兵部队抵达机场。由于游骑兵们的降落地点位于机场跑道的坚硬路面上，不少人受了伤。机组人员不得不将受伤的游骑兵拖到安全地点。游骑兵部队很快控制了局面，机场恢复安全。“黑鹰”直升机机组人员立即对受损的“黑鹰”直升机进行检查，并派出两架直升机去搜寻坠毁在飞机场附近的那架“黑鹰”直升机。机上搭载的特战队员已由美国海军的 H-3 直升机先行护送离开。

停留在萨利纳斯机场的“黑鹰”直升机都已遭到严重破坏，燃油也已消耗殆尽。在这样的情况下，他们得到指令，要求在第二天晚上天完全黑之后，飞离萨利纳斯机场，返回巴巴多斯。在飞往巴巴多斯的途中，飞行员们做好了计划，一旦燃料用尽，他们就将飞机坠于水中。幸运的是，在燃油即将用完的时候，他们看到了地面，终于长出了一口气，并成功完成了降落。

“紧急暴怒”行动是第 160 特遣队成立后的首次实战，称得上是牛刀小试。尽管这次行动计划仓促，情报不充分且不准确，且遭到了古巴和格林纳达军队的顽强抵抗，他们仍成功地完成了使命，也为自己赢得了“暗夜潜行，永不止息”的著名座右铭。

两栖攻击舰舰员协助运下伤员

## 重组

在经历了格林纳达的严峻考验后，在 1983 年至 1986 年间，第 160 航空营继续通过大量的训练和行动来不断磨练和提升自身的技能。这些训练和行动的具体内容今天依然被归于保密范围，我们不得而知。但毫无疑问，这段时间对于第 160 航空营来说，是个非常关键的成长期。作为这支新部队建设的重要环节，第 160 航空营的组织、指挥、控制等诸多关键要素在这期间也得到了进一步的发展和完善。这对于一支执行精确行动任务的精锐部队来说至关重要。

第 160 航空营最初是一个“临时特设”的单位，并没有清晰的组织架构。随着形势的不断发展，第 160 航空营也在不断变革，以满足迅速变化的行动需求。尽管他们曾一度采用美军通行的部队架构模式，但对于这样一支独一无二的特殊部队而言，这种模式并不适合。此外，成立之初的第 160 航空营的行动需求增长极快，已经远远超出了传统架构体系所能接受和应对的能力。造成的结果是，第 160 航空营的部队架构常常和当时主流的经过实战验证的特种作战理论显得格格不入。

幸运的是，陆军高层认识到了这样一支特种作战航空部队的价值。为了满足不断增长的战斗支援需求，1986 年 10 月 1 日，第 129 战斗航空连在佐治亚州亨特陆军机场成立，归属第 160 航空营指挥和控制。驻地位于巴拿马霍华德空军基地的第 617 航空分遣队也隶属第 129 战斗航空连，在分配给第 129 战斗航空连的 15 架 MH-60“黑鹰”直升机中，它们拥有 5 架。此外，俄克拉何马州国民警卫队的第 245 航空营 1 连也被划归第 160 航空营行动控制，该连拥有 25 架 AH-6“小鸟”和 23 架 UH-1“休伊”直升机。

1986 年 10 月 16 日，重组后的第 160 航空营被重新命名为第 160 特种作战航空群（空降），脱离第 101 空中突击师建制。该部队被正式指定为空降部队，其队员也有资格佩戴上栗色贝雷帽，但他们制服上原先绣着的第 101 空降师独特的“啸鹰”（Screaming Eagle）标志则被去掉了。这一天也因此被部队成员称为“鹰掉了的那一天”。开始的时候，第 160 特种作战航空群佩戴与第一特种作战司令部相同的徽章。后来，他们结合航空营与第一特种作战司令部的徽章样式，设计了自己的徽章和背景图案。1987 年 3 月 26 日，美国陆军纹章研究所批准了第 160 特战航空群的徽章设计。

对于美国陆军来说，第 160 特种作战航空群的成立并非终极目标。陆军试图将所有的特种作战航空单位整合起来，由第 160 特种作战航空群担任总部。因此，第 160 特种作战航空群的成立只是这个计划的中期步骤。1987 年，创建特种作战航空旅的计划也在进行之中，驻地位于亨特陆军机场。关于第 160 航空群的概念设计和整体规划则由陆军训练与条令司令部负责。

1987 年 8 月，位于阿拉巴马州拉克堡的美国陆军航空兵中心提议，将第 160 特种作战航空群划分为隶属于第 7 航空团的几个独立的航空连和一个营。这么做的原因是，相比刚成立不久的第 160 特种作战航空群，第 7 航空团的历史更久、资历更老。然而，在 1987 年 10 月和 11 月，第 160 特种作战航空群和第一特种作战司令部一致要求将第 160 特种作战航空群（SOAG）单独设立为第 160 航空（团），而不是划入第 7 航空团。原因是，虽然第 160 特战群是一个相对较新的战斗群，但是它经历了战斗检验，获得两次嘉奖令，并且具备支援特殊行动的专门能力。该提议最终得到了批准。

## 图集一："暗夜潜行者"与绿色贝雷帽

▲ 2014 年 5 月 5 日，密西西比州格尔夫波特，一名参加"绿宝石勇士 2014"演习的陆军第 20 特种部队群成员将手伸出一架 UH-60"黑鹰"直升机舱外感受风速。"绿宝石勇士"是一项年度联合演习，也是美国国防部设立的唯一一个非常规战争演习，旨在提高实施特种作战行动的特种部队、常规部队和盟国部队的空地战斗技能

▲ “绿色贝雷帽”队员从悬停的第160特种作战航空团“黑鹰”直升机上快速绳降登上一艘美国海军核潜艇的甲板

▲ 水上训练中，一名陆军第1特种部队群的“绿色贝雷帽”队员从第160特种作战航空团的MH-47“支奴干”直升机的尾舱跳入水中。这种从一架低空悬停的直升机上跳入水中的两栖渗透技巧被称为“直升机投放”（Helocasting）

▲ 第 7 特种部队群的“绿色贝雷帽”队员从一架在空中盘旋的 MH-60“黑鹰”直升机上快速绳降着陆，机舱门处的 M134 型“米尼岗”机枪手正在密切监视着周围的情况，必要时他将随时提供压制火力，以确保人员和飞机安全。在直升机快速绳降行动中，从直升机开始盘旋到特种部队小组全部着陆，这短短几秒钟极为关键，也最容易遭受地面火力攻击

▲ 隶属陆军第 1 特种部队群的“绿色贝雷帽”队员和韩国突击队员从一架第 160 特种作战航空团的 MH-47“支奴干”直升机的尾舱门迅速绳降而下

▲ 2011年3月1日，一名坐在MH-47直升机尾舱门处的第160特种作战航空团机组人员正在等待参加“绿宝石勇士2011”演习的陆军第10特种部队群的队员登机，参加在墨西哥湾进行的水上训练

▲ 机舱内的“绿色贝雷帽”队员

▲ “绿色贝雷帽”队员排队准备离机

▲ 一名第 10 特种部队群士兵和他的军犬一起从 MH-47 直升机的尾舱门跳入水中

▲ "绿色贝雷帽"队员MH-47"支奴干"直升机的尾舱门跳入水中后，正奋力向一艘"佐迪亚克"舟游去

▲ 2012年8月28日，北卡罗来纳州布拉格堡约翰·肯尼迪特种作战学校，一名第160特种作战航空团MH-60"黑鹰"直升机机组人员和"绿色贝雷帽"队员正在整理快速绳降渗透/撤离系统（Fast Rope Insertion Extraction System），为即将开始的陆军特种部队高级侦察/目标分析/爆破技巧课程（Special Forces Advanced Reconnaissance, Target Analysis, and Exploitation Techniques Course）做准备

▲ 一名 MH-60“黑鹰”直升机机组成员正在观察地面情况

▲ 绿色贝雷帽队员从“黑鹰”直升机上快速滑降而下

▲ 留在直升机上的绳降训练教官正在舱门处观察学员训练完成情况

▲ 在美国陆军第 7 特种部队群和特立尼达和多巴哥国防军举行的联合演习中，东道国海岸警卫队特种海上部队（Special Naval Unit，SNU）的成员驾驶舟艇执行警戒任务，以确保空中的“黑鹰”直升机上的特种部队士兵能在预定着陆区安全绳降着陆。这架“黑鹰”直升机由第 160 特种作战航空团提供，演习地点位于特立尼达最西边的查卡查卡岛。该项演习是 JCET 的组成部分。通过演习，美军在向东道国部队传授技能和经验的同时，也获得在当地开展军事行动的经验和相关知识

一名特立尼达和多巴哥军人正从“黑鹰”直升机上滑降下来。该演习是为了验证在为期一个月的联合合成交换训练（Joint Combined Exchange Training，JCET）中所不断练习的技能。JCET 是美国南方特种作战司令部战区安全合作项目（Theater Security Cooperation program）的一个组成部分，通过和海外友好国家军队的联合训练，增强在任务责任区域内的行动能力，其主要目的是支持反毒品行动

▲ 联合特种部队小组从“黑鹰”直升机上快速绳降着陆。快速绳降主要用于在直升机无法直接降落的情况下迅速部署人员

▲ 搭乘舟艇接近目标的联合特种部队小组

▲ 联合特种部队小组正在进行隐蔽，并对周围环境进行评估

▲ 联合特种部队小组绳降着陆后，立即进行房屋清除训练，并在任务完成后由舟艇和直升机接应撤离

▲ 一名来自第 7 特种部队群的绿色贝雷帽队员正通过手势引导空中前来接应撤离的“黑鹰”直升机

▲ 联合特种部队小组使用快速绳降渗透和撤离系统（Fast Rope Insertion and Extraction System ， FRIES）进行训练

▲ 2011 年 3 月 1 日，弗罗里达州沃尔顿海滩，参加“绿宝石勇士 2011”演习的美国陆军第 10 特种部队群的士兵正准备登上一架第 160 特种作战航空团的 MH-47“支奴干”直升机。“绿宝石勇士 2011”是由美国特种作战司令部举办的为期两周的多军种联合演习，旨在将美军特种部队在“伊拉克自由”行动和“持久自由”行动中学到的经验教训传授给更多的美军部队

▲ 2011 年 11 月 11 日，在位于世贸大厦遗址旁的环球金融中心冬季花园大厅，参加“解放被压迫者”（De Oppresso Liber）塑像揭牌仪式的美国陆军特种作战司令部指挥官 John Mulholland 中将正在致辞。John Mulholland 中将曾任刺刀特遣队（Task Force Dagger）指挥官。刺刀特遣队由来自第 5 特种部队群和第 160 特种作战航空团的陆军人员以及空军特种作战司令部下属的战斗控制员混编而成

▲ 时任美国副总统拜登和妻子向塑像进献花环。参加典礼的人员包括刺刀特遣队成员、部分政商领袖和老兵支持组织

▲ 2011 年 11 月 11 日，纽约第 5 大道，纽约城老兵日游行（New York City Veterans Day Parade）中的陆军第 5 特种部队群绿色贝雷帽队员，旁边的骑马铜像寓意绿色贝雷帽部队的格言——“解放被压迫者”

## “诚挚意志 / 黄金机会”行动

### （1987 年 7 月—1989 年 8 月）

伊拉克和伊朗是海湾地区的邻国，历史上，两国为边境交界处的沙特阿拉伯河的主权而屡屡争议。1980 年 9 月 22 日，伊拉克借口抵御“伊斯兰革命”，向伊朗发动了军事进攻。两伊战争爆发。战争旷日持久，双方都损失惨重。战争后期，伊朗方面开始使用水雷和“海鹰 –2”反舰导弹威胁通过霍尔木兹海峡和波斯湾运输石油的油轮，而美国则尽其所能保障石油的正常输送。1986 年 12 月，认为已经无力保护本国船只安全的科威特政府向美国寻求帮助，请求美国允许在科威特油轮公司制造的 11 艘石油和天然气油轮上悬挂美国国旗。1987 年 3 月，美国政府同意了该申请，并于 1987 年 7 月展开“诚挚意志”行动，为经过这些危险水域的油轮保驾护航。

7月24日，由美国海军军舰护航的第一艘油轮“布里奇”号经过波斯湾返航，在临近终点时撞上了伊朗海军设置的水雷。显然，仅仅是美国海军舰艇的存在还不足以保障油轮的安全，有必要动用特殊舟艇部队、直升机以及海军海豹部队来实施监视和巡逻。在接到部署命令两周之内，来自第160特种作战航空群的MH/AH-6“小鸟”直升机已经整装待发，跟他们并肩作战的还有来自海军特种作战司令部的特种舟艇小队和海豹排。

第160特种作战航空群指派第160航空群分遣队(DET 160 AVG)参与这次“诚挚意志”行动。分遣队包括两架MH-6直升机、4架AH-6直升机，以及战斗人员、机组人员、飞行员和维修人员。MH/AH-6直升机是一种小型直升机，作战半径100海里，能够以120海里每小时的速度安静飞行，因而很难被侦测雷达发现，这使得它们非常适合这项行动。此外，驾驶这两种机型的正副驾驶员都可以熟练使用夜视镜飞行。MH-6和AH-6都配备了带录像带系统的前视红外雷达（FLIR），可以很好地帮助飞机侦测及确认敌机，并帮助AH-6武装直升机瞄准目标。作为攻击直升机，AH-6还装备了7.62毫米口径机枪和2.75英寸[①]火箭弹。

1987年8月5日，第160航空群分遣队向美国海军指挥舰“拉萨尔”号(舷号AFG-3)报到，并于8月8日跟随“拉萨尔”号执行护航任务。针对该任务，第160航空群分遣队分成两个

从空中俯瞰“海克力斯”号海上移动基地。它的旁边停靠着三艘PB Mark III型巡逻艇和一艘拖船“Mister John H”号。照片拍摄于1989年1月1日

① 1英寸＝0.0254米。

一艘美国海军 PB Mark III 型巡逻艇正停靠在“维姆布朗七”号旁边。“维姆布朗七”号上配备有 M2 型 .50 口径重机枪、Mark 2 型 81 毫米迫击炮和 Mark 19 型 40 毫米自动榴弹发射器等武器。照片拍摄于 1988 年 11 月 1 日

可以独立作战与维护的小队。每队拥有一架 MH−6 直升机、两架 AH−6 直升机以及机组人员和维修人员，并以“SEABAT”作为通信呼号。当天晚些时候，第一支 SEABAT 分队被转移到美国海军“克拉格林”号护卫舰上（舷号 FFG−42），奉命保护在航道变窄的法斯岛以西水域工作的扫雷拖船，并保持待命，直到从科威特返航的护航舰队通过该区域。8 月 9 日，第二支 SEABAT 分队转移到美国海军“杰瑞特”号护卫舰（舷号 FFG−33）上，护送船队返回到阿曼湾。

最初的战术要求 MH/ AH−6 直升机在夜间以紧凑队形对海湾进行飞行巡逻，并等待美国海军轻型机载多用途系统（LAMPS）直升机为其提供导航联络。为了保护人员和装备安全，指挥部最终决定，在 LAMPS 请求确认联络之前，所有 MH/ AH−6 直升机应停在甲板上待命。后来，移动海上基地（Mobile Sea Base，MSB）被认为更适合特种作战部队。因此，指挥部决定从一家民用公司租用两艘供油驳船：一艘叫作“海克力斯”号，这是一种用于建设石油平台的井架驳船，长 400 英尺，宽 150 英尺，吃水深度达 15 英尺；另外一艘是叫作“维姆布朗七”号的自升式驳船，长 250 英尺，宽 80 英尺，吃水深度 13 英尺。“海克力斯”号可容纳 161 人，另外，船上有一块 75 英尺长、65 英尺宽的升高式直升机停机坪。“维姆布朗七”号可以容纳 256 人，但是该船上的正方形直升机停机坪只有 50 英尺长，这比起“海克力斯”号要小一些，也容纳不下 SEABAT 团队及所有执行巡逻和扫雷任务的飞机。在科威特石油

部长的建议下，科威特油轮公司同意租赁驳船，并在1987年9月5日签订租赁合同。根据要求，驳船需要进行改造，以供在法斯岛附近的护航线路中执行特殊任务。

1987年9月21日，伊朗海军一艘由两栖登陆舰改装成的布雷舰“伊朗”号从阿巴斯港出发，企图对卡塔尔北部海岸线的航线进行布雷。在收到情报后，当晚22时，美国海军“杰瑞特”号护卫舰的舰长派出一支SEABAT分队（包括一架MH-6、两架AH-6直升机）对“伊朗”号进行监视。良好的天气为直升机夜间监视提供了绝佳的条件：5000英尺的高空只有零星几片云彩，能见度可达一到两海里，没有一点月光反照。不到40分钟，SEABAT分队就发现了“伊朗”号的踪迹。一开始的时候，MH-6直升机飞到了距离“伊朗”号不到200米的距离，却并没有被发现。而后，SEABAT分队接到拉开距离并从远处观察的指令。之后，直升机与船的距离保持在1海里之内。22时50分，“伊朗”号熄灭了船上灯光，开始掉头。MH-6直升机驶近之后发现6名船上人员拉开甲板中间的篷布，露出底部平坦、顶部是圆形的圆柱形物体。在观察到船上3名人员将其中一个鱼雷状物体推向船舷一侧时，MH-6直升机立即将该情况报告给“杰瑞特”号护卫舰。随后，SEABAT分队得到指令，对“伊朗”号开火。

MH-6直升机飞离后，第一架AH-6直升机飞至距离“伊朗”号600 ~ 700米的距离，

美国海军海豹队员搭乘登陆艇靠近伊朗海军布雷舰“伊朗”号。“伊朗”号是一艘由日本制造的两栖登陆舰，标准排水量614吨，长54米，于1978年交付伊朗海军。1987年9月22日，该舰被美军俘获，随后于9月26日被美军EOD（爆炸性军械处理）MU5分遣队炸沉于国际水域。从照片中可以清晰地看见甲板上排列的水雷（黑色物体）

▲ 一架“黑鹰”直升机正准备降落在“海克力斯”号的甲板上

使用“米尼岗”机枪对其甲板进行扫射，迫使船员远离鱼雷和船载机枪；飞至200米左右时，AH−6直升机发射两枚2.75英寸高爆火箭击中船艉。之后，第一架AH−6直升机稍做休整，第二架AH−6直升机飞至，继续使用轻型机枪对“伊朗”号的甲板和舰桥进行攻击，并向船尾发射两枚火箭弹。而后，第二架AH−6直升机进行休整，第一架AH−6直升机飞回来向“伊朗”号发射了其最后一枚2.75英寸高爆火箭弹，并发射两枚箭弹击中其操控室。在第二架AH−6直升机重整火力准备再次发动进攻前，SEABAT分队接到了停火的指令。

之后，第一架AH−6直升机飞回“杰瑞特”号护卫舰进行燃料补给，另外一架AH−6直升机则负责掩护奉命留下进行观察的MH−6直升机。在“杰瑞特”号护卫舰上，第一架AH−6直升机得到了维修，一名候补飞行员替下机上的飞行员，准备返回“伊朗”号附近空域。此时，留守监视的MH−6直升机观察到在靠近船头的位置站着10～15名伊朗人，主甲板上16枚鱼雷排成3列。当船上人员从船头位置走向疑似鱼雷的物体时，SEABAT分队立即将该情况向指挥部报告。正在待命的AH−6直升机得到指令，采取一切必要手段阻止布雷。之后，AH−6直升机向船艉发射一枚火箭弹，使用“米尼岗”机枪对甲板进行扫射，并将其剩余的火箭弹一发不剩地发射到“伊朗”号甲板上。弹药用尽后，这架AH−6直升机返回“杰瑞特”号护卫舰，由刚从护卫舰上起飞的第一架AH−6直升机接替。在使用“米尼岗”机枪对“伊朗”号发射了 500 ~ 800 发机枪弹，并向舰桥发射了两枚火箭弹后，第一架 AH-6 直升机得到指令，停止攻击。虽然“伊朗”号并没有发出求救信号，也没有对海上无线电进行回应，SEABAT 分队仍然可以观察到“伊朗”号船体严重受损，废弃在水面上。大多数船员已经弃船，但有两名船员仍在靠近船头的位置。接着，海军海豹队员登上了“伊朗”号布雷舰，再次确认水雷的存在，并俘获了“伊朗”号及其舰上人员。之后，MH-6 直升机飞回“杰瑞特”号护卫舰进行维修，两架 AH-6 保持待命。直到美国海军陆战队直升机在黎明时分赶来并进行交接，一直严阵以待的 SEABAT 分队才得以休息。然后，他们回到“杰瑞特”号护卫舰清洗并停放直升机。舰上的第 160 航空群分队维修人员经过一整夜的辛勤工作，才终于完成对这几架直升机的弹药及燃料补充。

另一起交火事件发生在 1987 年 10 月 8 日的晚上。一架在中部浅滩浮标附近空域飞行的美国海军轻型机载多用途系统（LAMPS）直升机侦测到一个目标，并指示 SEABAT 分队进行调查。起初，目标看起来似乎是在该地区活动的友军巡逻艇，但通过前视红外雷达传达的图像，最终确定为伊朗伊斯兰革命卫队的“勃格哈马”（Boghammar）巡逻艇以及两艘“波士顿”级捕鲸船。一架被派遣前往进行调查的 MH-6 直升机在返航途中遭到“勃格哈马”（Boghammar）巡逻艇上机枪火力的攻击。一架 AH-6 直升机迅速赶往事发海域，向伊朗巡

“维姆布朗七”号甲板上停放的“黑鹰”直升机。远处是一艘 PB Mark III 型巡逻艇

“海克力斯”号甲板

逻艇投掷高爆火箭弹和机枪弹雨，甲板上的人员抵抗被完全压制住。这一轮攻击将其中一艘“波士顿”级捕鲸船拦腰截断，两艘捕鲸船均陷入熊熊大火之中。为了掩护第一架 AH–6 直升机撤退，第二架 AH–6 直升机随后赶至，使用机载机枪和高爆火箭弹对“勃格哈马”巡逻艇以及另一艘“波士顿”级捕鲸船进行了无情攻击。其中一枚火箭弹击中了捕鲸船，引发了船上的又一轮大火。在第一架 AH–6 直升机完成攻击，第二架 AH–6 直升机尚未开始使用机枪和高爆火箭对“勃格哈马”巡逻艇进行攻击的间隙，“勃格哈马”巡逻艇向直升机发射了两枚导弹，后来被证实为“毒刺”（STINGER）导弹。利用捕鲸船上的大火产生的烟雾作为屏蔽，“勃格哈马”巡逻艇试图通过转向躲避攻击。两架 AH–6 直升机也随之改变了进攻战术：第一架直升机停留在大火的一侧，而另一架 AH–6 直升机绕到另一侧对“勃格哈马”巡逻艇进行两面夹击。之后，第一架 AH–6 直升机弹药耗尽，被派遣而来的 MH 6 直升机使用其最新装备的“米尼岗”机枪继续对“勃格哈马”巡逻艇进行攻击。此时，第二架 AH–6 直升机还剩有一枚高爆火箭弹和一些 7.62 毫米机枪弹药，在接到第一架 AH–6 直升机的指令后，抵近“勃格哈马”巡逻艇并向其发射了最后一枚高爆火箭，将“勃格哈马”巡逻艇击沉。

1987年11月，第160特种作战航空团的两架“黑鹰”直升机以及4名飞行员、2名机长、6名维修人员被部署至波斯湾，以提高前沿美军的作战搜索与救援（CSAR）能力。“黑鹰”直升机装有前视红外雷达系统和“米尼岗”机枪，因而只需对其进行小幅度的改装：增加了一个战术空中导航（TACAN）系统、安装了水下照明系统（以备“黑鹰”落入水中的情况）。此外，为了配合海军的颜色，对“黑鹰”进行了灰色漆喷涂，也因此被戏称为“灰鹰”。由于“黑鹰”无法降落在“维姆布朗七”号供给船上，因此，这两架“黑鹰”最初被分配给了“海克力斯”号。美国海军后来在1988年3月对“维姆布朗七号”的停机坪进行扩展和强化，这一问题才最终得到解决。任务指挥官本来的计划是让“黑鹰”参与每次的SEABAT巡逻，但这样会使“黑鹰”承担很多的飞行任务。因此，“黑鹰”被安排停留在驳船上，在每次SEABAT巡逻期间保持5分钟的警备状态。此外，“黑鹰”直升机被越来越多地用于非战斗性勤务支援任务。这些任务损耗着机上设备，也消耗着队员的士气。

除了执行作战搜索与救援（CSAR）任务以及运输物资和人员的飞行之外，“黑鹰”还承担起了夜间伤员撤离的职责。1987年12月，一名来自第160特种作战航空团的成员——詹姆斯·波特中士因伤被送上“维姆布朗七”号供给船，“黑鹰”在这次伤员撤离中发挥了

“海克力斯”号甲板上的海豹队员

突出的作用。詹姆斯·波特中士是在随 AH−6 直升机执行任务中受的伤。当时，詹姆斯·波特中士从飞行员手中接过枪械，走到直升机螺旋桨下方的舱门口准备进行攻击。不料一阵大风吹来，导致直升机螺旋桨向下弯曲，一下打在了他的头上，造成颈椎骨折、头骨开裂。SEABAT 分队和海豹突击队人员先稳定住他的伤势，然后通过“黑鹰”直升机先将其运送到中间点巴林岛，继而运回美国本土。波特中士最终被抢救脱险，这很大程度上要归功于“黑鹰”直升机的远距离快速机动。

1988 年 6 月 24 日，第 160 航空群分遣队的波斯湾护航任务已临近结束，一架 MH−6 直升机和两架 AH−6 直升机正在波斯湾北部进行飞行巡逻，其中一架 AH−6 突然发生发动机故障。当时距离最近的陆地是归属沙特阿拉伯的一个岛屿，岛上有伊朗海岸警卫队人员驻守，但距事故点有 12 ～ 13 海里，飞机已经无法飞行这么远的距离，只能选择坠入水中。这也是这次任务中唯一的直升机损失。在直升机沉没前，机上人员都游了出来。另一架 AH−6 直升

“海克力斯”号甲板上停放的“黑鹰”直升机和 PB Mark III 型巡逻艇

机放下舷梯，落水队员附在舷梯上，被紧急送往最近的沙特阿拉伯岛屿。此时，“黑鹰”直升机也立即从“海克力斯”号上起飞，赶往岛上接回两名机组人员。在“黑鹰”仍在途中时，岛上的伊朗军队已经开始搜寻两名机组人员。不过，在他们找到之前，“黑鹰”已经迅速降落并将两名机组人员接回。落水的 AH-6 直升机在 5 天后被打捞出水。

1988 年初，陆军高层决定用陆军第 118 航空营下属的航空分遣队逐步接替 SEABAT 分队执行波斯湾护航任务。该分遣队装备的是升级版“基奥瓦”武装直升机（OH-58D AHIP）。1988 年 2 月 24 日，两架“基奥瓦”武装直升机向“维姆布朗七”号供给舰报到，而之前驻扎在驳船的 SEABAT 分队则返回美国本土。在接下来的几个月里，“维姆布朗七”号供给舰上的“基奥瓦”武装直升机与“海克力斯”号上的 SEABAT 分队共同执行巡逻任务。由于存在协调上的困难，第 160 特遣队不断请求将“海克力斯”号上的 SEABAT 分队替换为“基奥瓦”武装直升机分队，但这一替换直到 1988 年 6 月才得以完成。“黑鹰”直升机则留在海湾，直到 1989 年的七八月份才被运输回美国。

第 160 航空群分遣队在波斯湾表现非常出色。无论是 MH-6 直升机、AH-6 直升机，还是“黑鹰”直升机都没有遇到重大的维修问题，不过“黑鹰”确实受到了腐蚀损坏。在“基奥瓦”武装直升机分队取代 SEABAT 分队的时候，MH-6 和 AH-6 已分别飞行了 1300 小时和 2100 小时。截至到 1989 年 1 月 15 日，“黑鹰”飞行了 2306 小时。尽管如此，MH/AH-6 直升机的完好率为 97%，而黑鹰直升机的完好率是 94%。

作为“诚挚意志”行动的组成部分，“黄金机会”行动是第一次通过使用夜视镜和前视红外设备而成功瓦解敌人威胁的夜间作战行动。在整个行动期间，第 160 特遣队的队员经常在夜间使用夜视镜以 30 英尺的飞行高度在水面上飞行。“暗夜潜行者”们的存在有效震慑了伊朗对国际航运线的袭击，并且拖延了布雷过程，在非常困难和危险的条件下为联合特遣部队提供了有力支持。这次行动的成功再次证明，第 160 航空特战群已经成长为一支具有国际影响力的重要战斗力量。

1987—1989 年的“诚挚意志 / 黄金机会”行动中的 MH-60A“黑鹰”直升机。在这次行动中，第 160 特种作战航空团驾驶的早期型号 MH-60A“黑鹰”直升机以两艘由油运驳船改装的海上移动基地和多艘美国海军军舰为平台，对经由波斯湾的科威特油船展开护航行动。改装的目的是为了支援“诚挚意志 / 黄金机会”行动。“黄金机会”行动和“诚挚意志”行动是同时展开的，区别在于前者是隐蔽的，后者是公开的。在这些行动中，第 160 特种作战航空团的飞行分队作为美军特遣队的一个重要组成部分，确保了中立国的油船和其他商船能够在伊朗封锁下安全通过波斯湾。这组照片拍摄于“海克力斯”号驳船上，除了“黑鹰”直升机，“海克力斯”号上还部署了一个海豹排和多艘 Mk. Ⅲ 巡逻艇。为了和海军保持一致，MH-60A 被涂成了海军惯用的灰色。

WELCOME
TO
HERCULES

WELCOME
TO
HERCULES

## “山地希望三号”行动

### （1988 年 7 月）

1988 年 7 月，第 160 特种作战航空群接到一项紧急任务，要求他们前往非洲乍得某地找回一架俄制米 –24“雌鹿”武装直升机。乍得原来是法国殖民地，1960 年获得独立。独立初期的乍得国内动荡不安，邻国利比亚得以乘虚而入，占领了乍得北部 11400 平方英里的富含铀及石油的地区，这片区域又被称为“奥祖地带”（Aouzou Strip）。1987 年，在经历了 15 年的奋战之后，该地区的利比亚人被驱逐出境，双方签订了停火协议。当时在乍得北部与利比亚交界处遗留了很多作战武器，其中就有这架俄制米 –24“雌鹿”武装直升机。在美军看来，这架直升机具有很高的情报价值。乍得政府也同意这架直升机可以归美方所有，不过首先要能把这架直升机从沙漠中运出来。美国政府下属的多个组织都曾尝试完成这项任务，不过均以失败告终。正是在这种情况下，第 160 特种作战航空群临危受命，参与到这项行动中来。

1988 年 4 月，美国空军的一架 C-5“银河”运输机搭载着两架 CH-47“支奴干”直升机以及 70 ~ 75 人的维修和机组人员，飞往位于新墨西哥州的白沙空军基地（White Sands AFB），进行任务前的模拟演练。为了模拟执行该项任务需要的飞行距离，“支奴干”运输机从白沙空军基地起飞，前往位于得克萨斯州埃尔帕索的比格斯陆军机场（Biggs AAF）。在比格斯机场，一架“支奴干”直升机提起模拟“雌鹿”武装直升机重量的 6 个装满水的容量为 500 加仑① 的油罐，在第二架“支奴干”直升机的护送下，返回模拟前线基地，成功完成了这次训练任务。

1988 年 5 月 21 日，特遣队接到了任务执行命令。由四级准尉斯塔克率领的一支先遣部队首先前往位于德国斯图加特的欧洲司令部总部，然后抵达乍得的恩贾梅纳以等候直升机到来。大约两个星期后，两架“支奴干”运输机和 76 名机组及维修人员搭载空军 C-5“银河”运输机抵达乍得。6 名飞行员及 4 名机组成员留在了恩贾梅纳一位美国大使馆雇员的家中，维修人员则留在了负责大使馆安全的美国海军陆战队军营。

1988 年 7 月 11 日午夜，两架参与“山地希望三号”行动的 MH-47 直升机在没有外部导航的条件下飞行了 490 英里（约 790 公里②），并在大约凌晨五点抵达位于乍得北部的圣

在“山地希望三号”行动（Operation Mount Hope III）中，来自第 160 特种作战航空群 E 连的“暗夜潜行者”成员驾驶“支奴干”直升机吊运米 -24“雌鹿”直升机

① 1 加仑 = 3.785 升。
② 1 公里 = 1 千米。

隶属军事空运司令部（Military Airlift Command）的一架C-5“银河”战略运输机装载米-24“雌鹿”直升机返回美国本土

棕（Ouadi Doum）机场。第一架“支奴干”直升机降落在“雌鹿”武装直升机附近并对其进行了必要的装配，然后由盘旋在上空的第二架“支奴干”运输机将其吊起，启程飞回恩贾梅纳。为了确保安全，在途中的法雅拉格以及莫索罗等地还设置了加油停靠点。

然而，由于没有收集充分的天气预报信息，两架直升机在飞行大约45分钟后就遭遇了强沙尘暴，沙尘飞扬到3000英尺的高空。为了避免发生事故，两架“支奴干”运输机之间保持着一英里左右的距离，速度也降到40节。后来，尘雾散开了一些，直升机才得以降落在恩贾梅纳，将“雌鹿”武装直升机停放下来。降落后不久，沙尘暴又再度袭来，根本无法出舱的机上人员被迫在直升机上停留了20多分钟。等到沙尘暴刚一散去，地面人员立即将“雌鹿”武装直升机以及两架“支奴干”直升机装运到C-5运输机舱内，一起运回美国。至此，距离C-5运输机抵达乍得只过去了67小时。这项任务也再次体现了第160特种作战航空群在极为苛刻的条件下出色完成任务的能力。

# 图集二："暗夜潜行者"与游骑兵

▲ 2013 年 5 月 27 日，华盛顿州刘易斯 - 麦克科德联合基地，参加第 75 游骑兵团第 2 营特遣队训练（Task Force Training）的 2 营 B 连的游骑兵在进行快速绳降渗透 / 撤离系统 (FRIES) 训练前，正在聆听第 160 特种作战航空团 MH-60"黑鹰"机组人员讲解训练要点

▲ 2013 年 5 月 27 日，华盛顿州刘易斯 - 麦克科德联合基地，参加第 75 游骑兵团第 2 营特遣队训练的 2 营 B 连的游骑兵正在登上一架第 160 特种作战航空团的 MH-47 直升机

▲ 2013年5月27日，华盛顿州刘易斯－麦克科德联合基地亚基马训练中心，参加第75游骑兵团第2营特遣队训练的2营B连的游骑兵正从一架第160特种作战航空团的MH-47直升机上快速绳降着陆

▲ 2014年1月29日，加利福尼亚州罗伯特军营，一架参加特遣队训练（Task Force Training）的第160特种作战航空团MH-60“黑鹰”直升机正在为第75游骑兵团第2营的游骑兵们提供空中支援

▲ 参加特遣队训练的陆军游骑兵在完成任务后等待第 160 特种作战航空团的 UH-60“黑鹰”直升机前来接应撤离

第 160 特种作战航空团的 MH-60“黑鹰”直升机为游骑兵分队提供近距空中支援

▲ 2014 年 1 月 31 日，加利弗尼亚州罗伯特军营，第 75 游骑兵团第 2 营 A 连的游骑兵在完成一次实弹射击突袭演练后由一架第 160 特种作战航空团的 MH-47“支奴干”直升机接应撤离

▲ 2014 年 4 月 21 日，肯塔基州诺克斯堡，来自第 75 游骑兵团第 3 营的游骑兵正在等候登上一架第 160 特种作战航空团的 CH-47“支奴干”直升机。第 160 特种作战航空团的空中行动是游骑兵快速机动的关键因素之一

▲ 2014 年 4 月 21 日，肯塔基州诺克斯堡，一架第 160 特种作战航空团的 CH-47“支奴干”直升机搭载第 75 游骑兵团第 3 营的游骑兵向任务目标机动

# “正义事业”行动

## （1989 年 12 月—1990 年 1 月）

1989 年 12 月，第 160 特种作战航空群（SOAG）接到了参加“正义事业”行动的命令。该行动的目的是推翻巴拿马总统曼努埃尔·诺列加将军的统治。为了确保任务成功，在此之前，美军已经谋划了相当长的一段时间。在北卡罗莱纳州的布拉格堡，“蓝匙行动”的相关单位进行了一年多的训练，作战单位也在巴拿马进行了代号为“概念验证”的实战演练。为了更好地模拟即将到来的作战行动，他们甚至在佛罗里达州的赫尔伯特空军基地仿造了一个莫德洛监狱。

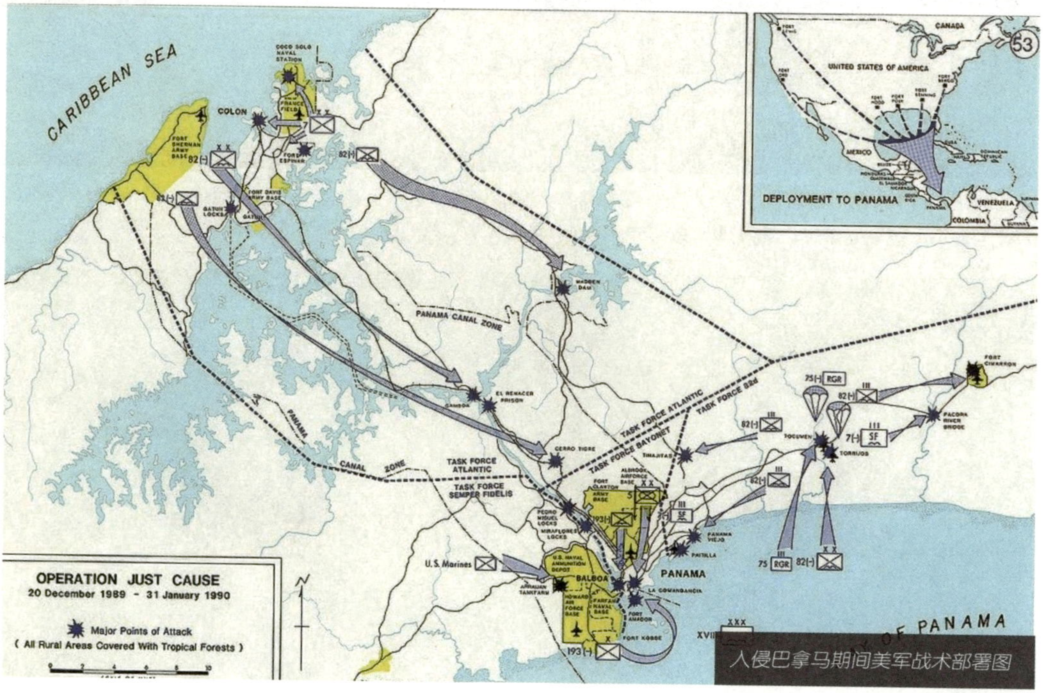

入侵巴拿马期间美军战术部署图

* 图片出自美国国防部网站

1989 年 12 月 17 日，第 160 特遣队的队员离开坎贝尔堡，准备执行“正义事业”行动。当时天气非常寒冷，室外温度为华氏 20 度（约为零下 7 摄氏度），而且还下着雪。4 架 MH-47“支奴干”直升机和机上人员飞往位于佛罗里达州的赫尔伯特空军基地。在那里，3

巴拿马街头的美军 M113 装甲车

架 MH-47D“支奴干”直升机和 5 架来自第 1 特种作战联队（1st Special Operations Wing）的 MH-53J“铺路鹰”直升机组成编队，从赫尔伯特机场不停歇地飞往巴拿马霍华德空军基地。整个行程长达 12 小时，期间进行了 3 次空中加油。第 160 特遣队的其余飞机由空军 C-5 运输机运输。这次行动中，第 160 特战航空群共部署了 441 人，以及 9 架 MH-6 直升机、11 架 AH-6G/ J 直升机、19 架 UH/ MH-60A 直升机和 7 架 MH-47D 直升机。12 月 18 日，星期一，参战部队抵达霍华德空军基地，所有人员和飞机在 3 号机库进行了集结。巴拿马当地天气异常湿热，所有人都汗流浃背。

12 月 19 日，周二。夜幕降临之后，参与作战的直升机陆续驶出机库，为任务做最后的准备。

第 160 特战航空群在巴拿马城的任务之一是在战斗开始前将信号灯及战斗控制小组秘密运送至目标地域。执行运输任务的是由托里霍斯 – 托库门机场起飞的两架 MH-6 直升机，另有两架 AH-6 攻击直升机担任护航任务。此外，还派出了 4 架 AH-6 直升机对位于科曼丹西亚的巴拿马国防军总部进行了突袭。战斗中，一架 AH-6 被击落，坠毁到科曼丹西亚。

机上两名飞行员弗雷德·霍斯利和乔治·昆寇幸存了下来，但却在敌军轻武器火力的压制下被困达两个小时。之后，他们设法成功逃脱并与友军会合，还抓获了一名巴拿马国防军士兵作为俘虏。

另外的4架AH-6直升机以及一架前线燃料补给（FARP）MH-60“黑鹰”直升机为在里约·哈托（Rio Hato）进行的空降突击行动提供了火力支援。第82空降师也将所属的几架AH-64“阿帕奇”武装直升机的指挥权暂时移交给了第160特遣队，以加强前线的空中火力支援。在这次任务中，一架AH-6直升机被击落，机组成员桑尼·欧文斯二级准尉和约翰·亨特上尉牺牲，他们也是此次行动中第160特遣队仅有的人员损失。对里约·哈托的攻击起初还包括另外9架MH-60直升机和4架MH-6直升机，目标是巴拿马国防军的一个主要据点。但在行动开始前的几个小时，有情报称巴拿马国防军领导人在海边的科隆附近。于是，9架MH-60直升机和4架MH-6直升机在战斗打响时即直扑科隆，对位于海滩边上的一所住宅进行了空袭。另外8架MH-60直升机和4架MH-6直升机保持警戒待命，以备在必要时进行支援。

在参加了对托里霍斯－托库门机场和里约·哈托机场的空降突击行动之后，一架空军C-141运输机搭载第160特遣队的两个9人小组，在预定目标上方投放，“暗夜潜行者”们在伞降着陆后立刻开展前线燃料再补给阵地（FARP）的搭建工作。该前线燃料再补给阵地包括一个12英尺平台，并配备有高爆火箭和机枪弹药、机枪零部件和备件、燃料、加油油泵和软管等。不过，里约·哈托的前线燃料再补给阵地落在了一片沼泽上，无法正常使用。这导致了在接下来的任务中，特遣队不得不依靠停靠在地面上的两翼装满燃油的C-141运输机来进行加油。而早在战斗打响前的四五个小时，在阿尔布鲁克陆军机场，第160特遣队的队员就在一辆载重两吨半的卡车上装满了弹药及武器，并搭建了一个前线燃料再补给阵地。战斗打响前15分钟，一批武装人员乘车赶来，他们停靠在路边并开火攻击，之后又驱车离去。大约五分钟过后，另

巴拿马总统曼努埃尔·诺列加将军由美国禁毒署（Drug Enforcement Agency，简称DEA）特工押送，搭乘MC-130“大力神”运输机前往美国，随后以毒品交易的罪名被指控、受审。

一批巴拿马国防军士兵赶来，并对燃料再补给阵地进行火力攻击。整晚，在对方的火力压制下，直升机无法降落进行支援。凌晨两点，燃料再补给阵地被摧毁，特战队员一度退到废水沟里以寻求掩护。第二天早上，一架“支奴干”运输机赶来将该燃料再补给阵地运送回霍华德空军基地。

此次“正义事业”中的一个重要任务就是从位于科曼丹西亚附近的莫德洛监狱进行一项解救任务。来自第 160 特遣队的 MH-6 直升机在 AH-6 直升机的掩护下，按照命令对莫德洛监狱进行空降袭击。在直升机接近监狱时，遭到了附近公寓内隐藏的狙击手的攻击。虽然遭到了猛烈的地面火力攻击，“小鸟”直升机还是成功降落在监狱楼顶，并在营救小组着陆后迅速飞离。营救小组顺利完成了营救任务，等到“小鸟”直升机飞回来接营救小组时，监狱楼顶已经是烟雾弥漫，飞行员很难看清降落地点。同时，直升机也遭到了来自距降落点仅五六十英尺处的一所囚犯室的火力攻击，这造成当时操控小鸟直升机的副驾驶理查德·鲍曼少校肘部中弹。另外一名飞行员在固定好理查德·鲍曼少校的肩膀后，接管了飞机的驾驶，迅速降落并搭乘起营救队员，然后径直飞回了霍华德空军基地。另一架搭乘了许多人员的 MH-6 直升机在飞离监狱楼顶时因中弹而坠毁到街上，机内人员轻微受伤。在陆军士兵的掩护下，机组人员和乘员从坠毁点成功撤离。

在完成最初的这些作战任务之后，第 160 特战航空群继续为美军特种部队的后续行动提供支援，这些行动包括肃清外沿地区、武器的回收以及所谓的“寻找猫王”行动。“猫王”是第 160 特战队员们对巴拿马总统诺列加将军的戏称。由 4 架 MH-60 武装直升机、两架 AH-6 直升机以及两架 MH-47 直升机组成的作战力量被转移到北部的谢尔曼，以为在科隆及其附近的作战任务做准备。在接下来的两个星期内，第 160 特遣队进行了多次空中突击任务。

1990 年 1 月 3 日，诺列加将军被捕，参加“正义事业”行动的大部分作战部队被召回并进行了重新部署，只有一小部分作战力量继续留在巴拿马。1 月 3 日晚，搭载着诺列加的两架第 160 特战航空群的 MH-60 直升机飞往霍华德空军基地，在那里和一架 MC-130 运输机进行了交接，由后者将其送往美国本土。两周后，绝大部分参战部队撤离，不过有两架 MH-47 直升机在接下来的几个月中都留在了巴拿马，以支援在巴拿马重建政治秩序的“推进自由”行动。

“正义事业”行动中，第 160 特战航空群经受了严峻的考验，再一次证明了在面对强敌时部队成员之间的精诚团结以及实施复杂的夜间作战和持续作战的能力。

## 第 160 特种作战航空团的诞生

1988 年 1 月 16 日，美国陆军团系统（United States Army Regimental System）中增添了一名新成员——第 160 航空（团）。这只是一个过渡措施，因为该团下辖的所有连队仍归第 160 特种作战航空群实际管辖。1988 年 7 月 27 日，第 1 特种作战司令部司令官在其卸任报告中指出，相对于特种作战航空力量面临的各种艰巨任务，其结构并不完善，这将可能导致严重的问题。1988 年 9 月，第 1 特种作战司令部提出了成立特种作战航空团（SOAR）的设想，并向美国特种作战司令部司令官进行了汇报，得到了陆军训练与条令司令部和其他相关部门的大力支持。

1990 年 5 月 16 日，第 160 特种作战航空群（SOAG）总部和总部连并入第 160 航空（团），新部队的番号为第 160 航空（团），这标志着过渡时期的结束。1990 年 7 月 28 日，第 160 航空（团）举行了成立仪式。这是一个团级单位，下辖三个营和一个独立的分遣队。出于对训练有素的特种作战航空人员激增的需求，还吸纳了隶属陆军国民警卫队（Army National Guard，ARNG）的第 245 航空队第 1 营。该团随后隶属美国陆军特种作战司令部指挥。

## “沙漠盾牌 / 沙漠风暴”行动

## （1990 年 8 月—1991 年 4 月）

“沙漠风暴 / 沙漠盾牌”行动中的第 160 特种作战航空团“小鸟”直升机机组人员

1990 年 8 月 2 日，伊拉克军队入侵并占领科威特。作为对入侵行动的反击，美国随后启动了“沙漠盾牌”行动。最初的计划是从第 160 特种作战航空（团）第 2 营抽调 16 架 MH-47“支奴干”直升机部署到中东战场，但该营最多只能够提供 12 架飞机，并将导致他们无

法再为美国本土的其他任务提供支援。因此，第 2 营的任务量最终减少到 8 架，由第 3 营负责提供 4 架 MH-47“支奴干”直升机和 8 架 MH-60“黑鹰”直升机。这样一来，在数量上达到了 20 架直升机，和原先计划的 16 架 MH-47 能力相当。在得知会有“黑鹰”直升机配属后，中央特种作战司令部（SOCCENT）修改了对直升机数量的要求，改为 4 架“支奴干”直升机和 8 架“黑鹰”直升机。最终，来自第 3 营的 5 架“支奴干”直升机和 8 架“黑鹰”直升机，以及来自第 2 营的 2 架“支奴干”一起组成了 3/160 特遣队 (TF 3/160)，并设置了特遣队指挥部。

1990 年 9 月 3 日，特遣队进入实地部署，驻地位于卡利德国王国际机场，那里也被称为卡利德国王军事城（KKMC）。从 1990 年 12 月到 1991 年 1 月的这段时间，特遣队对所驾驶飞机的机上设备进行了升级改进，新装备了红外抑制系统（高分辨率红外探测—哈弗红外抑制系统）、罗伯逊内部油箱、轻型机枪、导航设备和其他保护装置。在进行装备升级的同时，特遣队也进行了大量的战斗搜索和救援（CSAR）训练。

1991 年 1 月 17 日，空中战斗正式打响。3/160 特遣队负有两项任务。第一个任务是提供 MH-47 直升机，以支持特种部队在攻击发起前对伊拉克地面防空拦截点的突然袭击，并为从第 101 空中突击师调来的 AH-64“阿帕奇”武装直升机提供燃料补给。这一任务完成得十分成功。第二个任务是部署到拉法（Rafha）并在伊拉克境内进行战斗搜索和救援任务，以搜救被伊军击落的盟军飞行员。按照原定计划， CSAR 任务将贯穿于整个作战行动中。但战局的发展出乎意料地顺利，盟军指挥官鉴于在整个行动中盟军伤亡人员寥寥无几，又将 3/160 特遣队从拉法调回到卡利德国王军事城。

3/160 特遣队唯一一次受命开展搜索和救援任务是在 1991 年 2 月 17 日。当时，由飞行员斯科特·托马斯上尉驾驶的一架 F-16 战斗机在距离伊拉克与沙特边界 60 英里处被击落。他的一名僚机驾驶员目击他跳伞逃生，并和他进行了语音通话。当时附近并没有伊拉克部队。位于卡利德国王军事城（KKMC）的 3/160 特遣队接到命令进行搜索和救援任务。经过仔细研究，他们决定采用一条曲线航线飞行，这样可以绕过伊拉克雷达的搜索而到达托马斯上尉所在的位置。一切都准备就绪，但执行任务的飞机却在起飞前出现了机械故障。于是，由托马斯·蒙哥马利三级准尉负责的小组承担起这起营救任务。营救小组的其他成员包括副驾驶乔尔·洛克斯三级准尉、机组成员保罗·拉杜卡和科特·H·海森鲍福、军医威廉·穆德以及特种部队安全小组成员埃德蒙·威尔逊上士和道格拉斯·帕特森上士。直升机升空后，蒙哥马利立即与管控该区域的机载预警和控制系统（AWACS）飞机取得联系，并告知对方自己的位置。

按照原先执行营救任务的团队规划好的线路，蒙哥马利的飞机刚好经过受伤飞行员的位置上空。但由于天色太黑，即使有夜视镜帮助，他也无法看见目标。在意识到这一问题之后，托马斯上尉打开了一个红外信标。蒙哥马利在发现信号后立即以140节的航速飞向目标，当时飞行高度只有20英尺，直升机飞掠沙丘而过。与此同时，蒙哥马利也意识到自己已经被伊拉克地面雷达所发现，他将直升机降落在一座小山后面，躲过了敌军的导弹袭击。在距离伊军抵达只剩30分钟左右的情况下，威尔逊和帕特森迅速将托马斯上尉转移到飞机上。之后，在同样20英尺飞行高度、140节的航速下，蒙哥马利驾驶直升机飞回了沙特阿拉伯。返航本来看似是平安无事的，保罗·拉杜卡中士却突然发现空中有一枚导弹正在加速追击他们。幸运的是，这枚导弹出了故障，并没有击中直升机。在卡利德国王军事城3/160特遣队的停机库里，托马斯上尉与僚机驾驶员重逢了，场面显得格外热情。对于这次的成功脱险，托马斯上尉除了一再称赞3/160特遣队队员们无与伦比的训练与能力外，几乎再找不到别的词语。

相比执行搜索和救援任务次数的寥寥无几，3/160特遣队执行特殊行动支援任务的次数就要多得多了。早在“沙漠风暴”行动开始之前，3/160特遣队就频频运送美军特种部队小组秘密潜入和撤出伊军战线后方。这些小组肩负着特殊使命，有的是为了勘查地形，有的则是为了潜伏获取情报。正是在这些特种部队小组的努力下，美军在开战之前就获取了伊拉克方面的部署和调防的详细情报，为美军指挥层定下正确的决心做出了贡献。在这一系列任务中，最惊险的一次任务开始于1991年2月23日，也就是“沙漠风暴”行动的前一天。当日破晓后，“绿色贝雷帽”的一支A作战分遣队进入到伊拉克边界线以内185公里处执行特种侦察任务，不料被当地居民发现。在接下来的几个小时内，侦察小组遭受到来自武装民众和军人的密集火力攻击。在这种情况下，他们不得不进行撤离。这种撤离任务通常由“黑鹰”直升机来执行，在其他“黑鹰”暂时不能出勤的情况下，四级准尉吉姆·克里斯福利和他的机组人员临危受命。从军舰甲板起飞之后，他们便火速前往救援，很快抵达目的地，此时是下午两点左右。“黑鹰”的机组人员首先发现了特种侦察小组，伊拉克军队则位于距离侦察小组大约120英尺之外。伊军发现了前来救援的美军直升机，于是集中火力对“黑鹰”进行攻击，“黑鹰”直升机上的机组成员则使用机上新装备的“米尼岗”机枪实施火力反击。“米尼岗”机枪成功压制住了伊军的地面火力，“黑鹰”得以顺利降落在侦察小组附近。在双方的激烈交火下，侦察小组成员迅速登机。出乎机组成员意料的是，成功登机的侦察小组成员只有3名，而他们之前得到的消息是共有6名小组成员。吉姆·克里斯福利并没有急于返回，在确认地面已经没有遗留的美军人员后，这才驾驶飞机离开。在这期间，营救小组的“黑鹰”直升机在伊军地面火力的攻击下至少6次中弹，不过所幸还能全速返回并成功着陆在拉法机场。地面维修人员经过检查之后，才发现这架“黑鹰”已经严重受损。经过维修人员的全力抢修，仅仅一个星期后，飞机又恢复到了任务状态。

“沙漠风暴”行动结束之后，3/160 特遣队留在中东地区待命，负责侦察和清除伊拉克军方的导弹和通信站。1991 年 3 月到 4 月之间，3/160 特遣队返回到坎贝尔堡。

1990 年 10 月，第 1 营也被部署到中东地区。在为期 61 天的部署期间，他们完成了数百次深入伊拉克领空对重要目标实施打击的任务。1991 年 2 月 21 日，第 1 营接到紧急命令，要求他们立即派出一架 MH–60L“黑鹰”前往敌区撤离重伤员。三级准尉迈克尔·安德森和机长查理斯·库珀带领的机组最终领受了这项任务。当时天降大雾，可视度几乎为零。为了躲避敌方的炮火攻击，他们不得不保持很低的飞行高度，在浓雾中飞行。在夜视仪完全不起作用的情况下，飞行员还是凭借经验，依靠导航设备继续飞行。在运载伤员撤离到医疗基地的过程中，飞机遭遇了沙尘暴，在与地面指挥台失去联系后坠毁。两名飞行员及两名机组成员（马里奥·维伽–维拉奎兹中士和克里斯托弗·切普曼中士）不幸遇难。由于在战斗中的出色表现，第 1 营的队员们被授予了 4 枚“银星勋章”，其他荣誉则难以计数。在“沙漠盾牌”和“沙漠风暴”行动中，“暗夜潜行者”们在恶劣、严酷的沙漠环境中奋勇作战，成功向世人证明了他们是当之无愧的世界顶尖特种作战航空力量。

## 图集三：2012 年度美国陆军特种作战司令部能力演习

2012 年 4 月 20 日，“2012 年度美国陆军特种作战司令部能力演习”（2012 United States Army Special Operations Command's Capabilities Exercise）的参演人员正在观摩第 75 游骑兵团和第 160 特种作战航空团共同实施的直接行动突袭演示

▲ 2012年度陆军特种作战司令部能力演练中，陆军游骑兵从一架悬停在屋顶上方的第160特种作战航空团直升机尾舱快速绳实施突袭行动

▲ 2012年度陆军特种作战司令部能力演练中，一架第160特种作战航空团的CH-47“支奴干”直升机悬停在空中

▲ 2012年4月23日，北卡罗来纳州布拉格堡，参加2012年度美国陆军特种作战司令部能力演习的第160特种作战航空团的“支奴干”直升机和第75游骑兵团的游骑兵队员

▲ 2012 年 4 月 23 日，布拉格堡西蒙斯陆军机场，一架参加“2012 年度美国陆军特种作战司令部能力演习”的第 160 特种作战航空团 CH-47“支奴干”直升机上的“米尼岗”机枪手

▲ 2012 年 4 月 24 日，北卡罗来纳州布拉格堡，参加 2012 年度美国陆军特种作战司令部能力演习的第 160 特种作战航空团的“支奴干”直升机和第 75 游骑兵团的游骑兵队员正在进行直接行动演练

▲ 2012 年度美国陆军特种作战司令部能力演习上的游骑兵狙击手和第 160 特种作战航空团的“黑鹰”直升机

▲ 2012 年度美国陆军特种作战司令部能力演习上的一架隶属第 160 特种作战航空团的"黑鹰"直升机

▲ 2012 年度陆军特种作战司令部能力演练中，一架第 160 特种作战航空团的"小鸟"直升机搭载陆军游骑兵实施突袭行动

▲ 2012 年 4 月 24 日，布拉格堡，参加“2012 年美国陆军特种作战司令部能力演习”的第 75 游骑兵团的游骑兵们和第 160 特种作战航空团“支奴干”直升机

▲ 2012 年 4 月 24 日，参加“2012 年度美国陆军特种作战司令部能力演习”的人员从一架第 160 特种作战航空团的 CH-47“支奴干”直升机上抬下一名伤员

▲ 2012 年 4 月 26 日，参加“2012 年度美国陆军特种作战司令部能力演习”的第 160 特种作战航空团“支奴干”直升机

▲ 2012 年 4 月 26 日，布拉格堡，“2012 年度陆军特种作战司令部能力演练”上，第 160 特种作战航空团的直升机搭载第 75 游骑兵团的游骑兵进行直接行动演练

▲ 2012 年 4 月 26 日，一名参加“2012 年度美国陆军特种作战司令部能力演习”的陆军游骑兵队员和一架执行直接行动支援任务的第 160 特种作战航空团“支奴干”直升机

▲ 2012 年 4 月 26 日，布拉格堡，2012 年度陆军特种作战司令部能力演习中，结束一天演练任务的参演者正从一架 CH-47 直升机上抬下伤员

▲ 2012 年 4 月 26 日，“2012 年美国陆军特种作战司令部能力演习”，参演者们正从一架隶属第 160 特种作战航空团的 CH-47“支奴干”直升机上走下来

## “重建希望”/“哥特之蛇”行动

## （1993 年 8 月—10 月）

1992 年 12 月，时任美国总统乔治·布什下令实施“重建希望”行动，要求美军与联合国维和部队联手，恢复索马里的国内秩序。当时，索马里已经陷入了严重的内战，饥荒肆虐。在接下来的几个月，形势愈加恶化。1993 年 5 月，索马里内战的参与各方同意了索马里军阀穆罕默德·法拉赫·艾迪德提出的裁军提议。然而，在 6 月 5 日，联合国部队中的 24 名巴基斯坦军人就在索马里首都摩加迪沙附近由艾迪德控制的区域内遭遇埋伏并被杀害，这使得和平解决冲突的希望很快破裂。第二天，联合国安理会发表 837 号决议，呼吁逮捕并审判此次伏击的幕后操控者。美军战机和联合国部队开始对艾迪德的据点进行集中打击，但艾迪德依然肆无忌惮，索马里军队和联合国部队之间的冲突也逐步升级。

“重建希望”行动中的联合国部队

“重建希望”行动中的美军地面部队

8 月 22 日，一支美国陆军的游骑兵特遣队（Task Force Ranger）奉命部署到摩加迪沙，参与“联合国索马里行动 II”（UNOSOM II）。这支特遣队由来自第 75 游骑兵团 3 营的一支游骑兵连以及来自第 160 特战航空（团）的一支航空分遣队组成。8 月 26 日，特遣队开赴目的地。特遣队指挥官对第 160 特战航空（团）分遣队下达的任务是部署到摩加迪沙，抓捕艾迪德或其他指定目标。为了完成任务，航空分遣队必须在两个主要方面做好充分准备，即空中护送和对强力据点实施攻击。只有将艾迪德或其他指定目标活捉并且毫发无损地安全运送到转运点，才能算成功完成任务。

到摩加迪沙后，特遣队占据了一个旧的停机库和一些破旧的建筑拖车用以栖身，条件极为简陋。他们缺乏适合饮用的水，还要遭受迫击炮和火箭推进榴弹（RPG）的频频袭击。在 9 月份，特遣队成功进行了多次逮捕艾迪德支持者和收缴武器的行动。为了使摩加迪沙当地居民清楚并习惯美军的军事存在，特遣队常常派遣直升机飞到城市上空作例行巡逻，这也使得他们逐渐熟悉了这座城市里的狭窄街道和巷子。

1993 年 10 月 3 日下午，在获知艾迪德手下的两名领导头目正位于摩加迪沙市中心某处的情报后，特遣队决定立即实施代号为“哥特之蛇”的抓捕行动。为了确保任务顺利完成，特遣队派出了包括 19 架直升机和 12 辆汽车在内的 160 人的抓捕分队。任务执行过程中出现了一点意外，一名游骑兵队员在从 MH-60“黑鹰”直升机上使用绳索快速降落时，从距离地面70英尺的高度意外坠落并受了重伤。尽管如此，两名索马里头目很快就被逮捕，地面车队迅速将俘虏和受伤的游骑兵进行转移，并护送到安全地带。与此同时，索马里武装部队也正在从城市的四面八方向该区域汇集。在此期间，另一架由四级准尉克利夫顿·沃尔科特和三级准尉多诺万·布里利驾驶的代号为“超级6-1”的MH-60“黑鹰”直升机正在距离目标区域几个街区附近低空飞行，不幸被一枚火箭推进榴弹（RPG）从后面击中，坠毁到路面上。索马里士兵和车队立即赶往出事地点。由三级准尉卡尔·迈尔担任飞行员、四级准尉基思·琼斯担任副驾驶的一架代号为“星41”的MH-6“小鸟”直升机前往并降落在坠毁的“黑鹰”直升机附近，试图撤离伤亡人员。副驾驶琼斯发现两名飞行员沃尔科特和布里利已经不幸遇难，于是将另外两名幸存士兵运上了直升机。此时，驾驶座上的迈尔利用自己的个人自卫武器压制敌方的火力。在索马里武装猛烈的火力攻击下，“小鸟”直升机成功搭载着机组人员和幸存者飞离。由于“超级6-1”的坠毁，另一架由三级准尉迈克尔·杜兰特担任飞行员、四级准尉雷蒙德·弗兰克担任副驾驶、威廉·克利夫兰中士和托马斯·菲尔德中士担任机组成员的代号“超级6-4”的“黑鹰”直升机，取代了“超级6-1”在编队中的位置。在目标区域盘旋时，“超级6-4”直升机突然遭受一枚火箭推进榴弹（RPG）的攻击，尾桨遭到严重破坏，空中任务指挥官下令其立即返回机场。途中，“超级6-4”的尾桨以及大部分尾部脱落，导致直升机前倾坠毁。

此时，地面车队已在摩加迪沙迷宫般的街道和小巷中迷失了方向，而救援力量正在第一架“黑鹰”的坠毁地点奋力战斗。索马里人向“超级6-4”的坠机地点蜂拥而来，情况十分危急。正在失事地点上空盘旋的“超级6-2”“黑鹰”直升机上的两名军士——上士兰德尔·舒浩特和军士长加里·戈登主动请缨，从低空悬停的“超级6-2”上跳落到“超级6-4”的坠落地点，以保护受伤的机组成员。他们成了坠机机组人员获救的唯一希望。不幸的是，他们也最终牺牲了自己的生命。当时，杜兰特和弗兰克两人腿部骨折，两位机组成员也严重受伤。一大群由当地民兵组织起来的索马里武装分子包围了机组人员和救援队员，双方展开了激烈的交火。最终，索马里人杀害了除迈克尔·杜兰特之外的全部特战队员，俘虏了杜兰特，并对其进行毒打。

之后，另一架“黑鹰”运载救援小组抵达了“超级6-1”的失事地点。救援小组的15名特战队员快速绳降至地面，这才发现沃尔科特和布里利已经遇难。他们用了几个小时才成功把沃尔科特的身体从飞机残骸下撬出来。特战队员构筑起防御圈，利用火力压制索马里民兵和武装分子的攻击，艰难等待着正在开赴途中的第10山地师救援部队的到来。

索马里民兵打算利用迈克·杜兰特作为人质，用他来交换己方俘虏。但没等他们将其带回村庄，当地土匪就劫持了杜兰特，打算用他索要赎金。杜兰特又被带回先前被关押、审讯和录像的房子。后来，艾迪德向土匪支付了赎金，杜兰特被转移到艾迪德手下一名宣传部长的住所。5 天后，一名国际红十字会的代表会见了杜兰特。他也接受了英国和法国记者的采访。10 天后，在前美国驻索马里大使罗伯特·奥克利的干涉下，杜兰特最终被释放。在回到故土时，他受到了英雄般的欢迎。

任务至此结束。这就是著名的“摩加迪沙之战”，被称为是“自越南战争结束以来美军参与的最激烈的战斗”，后来因为电影《黑鹰坠落》而广为人知。战斗中，游骑兵特遣队共牺牲 18 人（不包括一名术后死亡的人员）。第 160 特战航空团（SOAR）损失 2 架“黑鹰”直升机，还有两架严重受损，8 人受伤，5 人阵亡，1 名飞行员还曾被俘。但不管是坠机中的幸存者还是前来救援的空中和地面力量，都表现出了只有那些真正英勇的军人才会有的在极端困难条件下的杰出表现。尽管公众认为这是一项失败的任务，不过游骑兵特遣队还是抓获了两名艾迪德手下的领导头目，达到了预定目标。摩加迪沙的血腥战斗再一次印证了第 160 特战航空（团）的箴言——“暗夜潜行，永不言弃”。

## 摩加迪沙之战中牺牲的“暗夜潜行者”成员

William David Cleveland, Jr. 上士，绰号“野蛮比尔（Wild Bill）”，“超级 6-4”机组人员，34 岁，被追授“银星勋章”（Silver Star）、“铜星勋章”（Bronze Star）、“空军英勇奖章”（Air Medal with Valor Devic e）和“紫心勋章”（Purple Heart）。

Thomas J. Field 上士，绰号“托米（Tommie）”，“超级 6-4”机组人员，25 岁，被追授“银星勋章”（Silver Star）、“铜星勋章”（Bronze Star）、“空军英勇奖章”（Air Medal with Valor Devic e）和“紫心勋章”（Purple Heart）。

Raymond A. Frank 四级准尉，绰号“铁人（Ironman）”，“超级 6-4”副驾驶，45 岁，被追授“银星勋章”（Silver Star）、“空军英勇奖章”（Air Medal with Valor Devic e）和“紫心勋章”（Purple Heart）。

Clifton P. Wolcott 三级准尉，绰号“全能的（Elvis）”，“超级 6-1”飞行员，36 岁，被追授“杰出飞行十字勋章”（Distinguished Flying Cross）、“铜星勋章”（Bronze Star）、“空军英勇奖章”（Air Medal with Valor Devic e）和“紫心勋章”（Purple Heart）。

Donovan Briley 三级准尉，绰号“公牛（Bull）”，“超级 6-1”副驾驶，33 岁，被追授“杰出飞行十字勋章”（Distinguished Flying Cross）、“铜星勋章”（Bronze Star）、“空军英勇奖章”（Air Medal with Valor Devic e）和“紫心勋章”（Purple Heart）。

# 图集四：比赛和交往

▲ 2012 年 1 月 7 日，得克萨斯州圣安东尼奥，第 12 届年度美国陆军全美橄榄球赛上，陆军特种部队士兵在比赛开始前的仪式上整齐列队。从左至右，依次是第 75 游骑兵团参谋军士 Dylan Maynard（戴棕黄色贝雷帽者）、第 160 特种作战航空团参谋军士 David Hutchings（戴褐红色贝雷帽者）和第 5 特种部队群一级军士 Michael Elmore（戴绿色贝雷帽者）

▲ 在弗里耶体育场进行的双淘汰足球邀请赛决赛中，第 5 特种部队群的 Shilo Velasquez 上尉（前右）和第 160 特种作战航空团的 Robert Kiernan 专业军士（前左）正在争抢球。后面观望者是第 5 特种部队群的 Adrian Guerrero 军士长

▲ 2012 年 1 月 7 日，得克萨斯州圣安东尼奥，第 12 届美国陆军全美橄榄球赛赛前仪式上的一名第 160 特种作战航空团军士（左）

▲ 亨特陆军机场指挥官 Jose Aguilar 中校（最右边者）和指挥军士长 David Sampleton（最左边者）为获得双淘汰足球邀请赛冠军的第 160 特种作战航空团第 3 营的队员们颁奖

▲ 第 160 特种作战航空团退役五级准尉 Gary Linfoot 和他的妻子在训练前合影。在于 9 月 11 日开始的“双人骑行康复 9/11”挑战赛中，他们将在 8 天时间里，共同骑行 530 英里。Gary Linfoot 在战斗中失去了他的左腿

▲ 2011 年 4 月，第 160 特种作战航空团一级军士 Mark Pierce 在获得 2011 年南部钓鲈鱼锦标赛全国冠军后合影

▲ 肯塔基州坎贝尔堡，在美国陆军第 5 特种部队群（空降）和第 160 特种作战团共同举办的“特种作战部队勇士挑战赛”（Special Operations Forces Warrior Challenge）上，两名冲过终点的女性摆出胜利的姿势照相留念

▲ “特种作战部队勇士挑战赛”上的“暗夜潜行者”成员和一名女性参赛者冲过终点线后拍手庆祝

▲ “友爱基督徒改革教会”组织成员瞻仰第 160 特种作战航空团纪念碑

▲ 肯塔基州坎贝尔堡，前来第 160 特种作战航空团访问的“友爱基督徒改革教会”组织成员在一架 AH-6M“小鸟”前合影

▲ “友爱基督徒改革教会”组织成员向第 160 特种作战航空团赠送礼物

▲ 2004 年，北卡罗来纳州的 Lowe 摩托赛事上，来自陆军第 3 特种部队群的绿色贝雷帽队员从一架“暗夜潜行者”驾驶的 MH-60K“黑鹰”直升机上快速绳降着陆

▲ 2009 年，北卡罗来纳州的 Lowe 摩托赛事上，绿色贝雷帽和游骑兵队员从第 160 特种作战航空团的 MH-60K“黑鹰”直升机上快速绳降着陆

▲ 2004 年，Lowe 摩托赛的老兵纪念日活动上，第 160 特种作战航空团的 MH-60“黑鹰”直升机机队

## “维护民主”行动

### （1994年9月）

“维持民主”行动期间，航母甲板上的第160特种作战航空团第1营和第2营的直升机

1991年9月30日，当选不到一年的海地总统让·贝特朗·阿里斯蒂德被一场军事政变打倒。1994年9月，政变领导人拉乌尔·塞德拉斯将军背弃了他之前做出的向阿里斯蒂德总统及其领导的政府交还权力的承诺。鉴于这种情况，美国总统克林顿授权进行旨在推翻拉乌尔·塞德拉斯将军统治的“维护民主”行动。

第160特战航空（团）的第1营和第2营在接到任务指令后即赶往佐治亚州的萨凡纳，在那里登上美国海军“美国”号航空母舰前往海地太子港。他们在此次行动中的任务是将突击部队运送到关键的政府部门和位置，并将之牢牢控制。值得一提的是，在这次行动中，第160特战航空（团）特遣队第一次采用了“作战指挥部”的概念，除了在“美国”号航空母舰上的兵力外，还有部分人员在古巴的关塔那摩美军基地待命。

幸运的是，在行动开始前的最后时刻，由美国前总统吉米·卡特、参议员萨姆·纳恩和鲍威尔将军组成的代表团说服了塞德拉斯将军，使其同意下台并在巴拿马寻求庇护。第160特战航空（团）的2个营在海军航空母舰“美国”号相对拥挤的空间内度过了6周，并意外地以这种相对轻松的方式完成了任务。在这次部署期间，第160特战航空（团）又完成了另一个“第一”，即第一次在海军航空母舰的甲板上进行了团指挥权的交接。在交接仪式上，布赖恩·布朗上校将第160特战航空（团）的军旗递给詹姆斯·斯科特中将，戴尔·戴利上校接过了部队的指挥权。

## 其他行动

1995 年 12 月至 1996 年 4 月，为了支持在波斯尼亚的“共同努力”行动，第 160 特战航空（团）派出了下属的第 3 营。

1996 年 4 月，为了保护美国公民和外交人员在内战肆虐的利比里亚的安全，该团派出了 4 架 MH-47D“支奴干”直升机参与到这项名为“确保回应”的行动中，协助美军其他兵种执行任务。在 10 天的时间里，美国军队成功撤离了 2100 人，其中包括来自利比里亚蒙罗维亚及塞拉利昂弗里敦的 437 名美国公民。

塞内加尔蒂斯的一处空军机场，第 160 特种作战航空团的 Ephraim Amou-Berry 专业军士和两名塞内加尔军人交谈

1998 年 1 月，联合国核查人员在伊拉克追查大规模杀伤性武器及其他联合国禁止武器的行动中受到萨达姆政权的骚扰。与此同时，协同参与“南部观察”行动的美国军队也遭到了伊拉克的敌视。美军于是决定实施“沙漠惊雷”行动。这是一次以大规模空袭为主要特征的军事行动，战机被击落的可能性因此大大增加。第 160 特战航空（团）的第 2 营得到指令，将在高危险地区执行己方坠落机组人员的救援任务，并负责支援特种侦察任务。1998 年 2 月，第 160 特战航空（团）第 2 营的 4 架 MH-47E“支奴干”直升机抵达中东。之后，他们被分成两个小组，以每两周为一个周期，一周训练，一周保持戒备待命。这持续了大概 2 个月。在此期间，盟军方面没有飞机被击落，因此第 2 营特遣队也没有出勤任何人员救援任务。任

务结束后，第 2 营特遣队返回了肯塔基州坎贝尔堡。

1998 年 11 月，由于伊拉克重拾敌对态度，第 160 特战航空团第 2 营接到通知，要求做好返回准备。12 月，第 2 营的一支先遣小组被派往科威特，但几个星期后就返回了美国。1999 年 1 月 27 日，在驻地经受一场龙卷风肆虐后的第二天，第 160 特战航空（团）第 2 营接到了参加“沙漠之狐”行动的指令。为了这一天，他们已经准备了好几个月。但这种一边倒的战争并没有给该营太多的表现机会。整个行动期间，没有联军飞机被击落的情况发生，他们也就没有进行一次搜索和救援任务，倒是被赋予了其他的如设备回收等任务。有一次，一架美国空军的“捕食者”无人机（UAV）在飞回美军基地的途中在距伊拉克边境两英里处坠毁。一名科威特中尉目击了飞机的坠毁，并立刻上报。第 160 特遣队受命前往，收回无人机残骸。他们很快就赶到了坠机现场，那里到处散落着机密材料。经过两个小时的评估，机长认为可以使用 MH–47E“支奴干”直升机运输无人机残骸。他们利用汽车将飞机的残骸装上“支奴干”直升机并顺利返回了基地。这次行动也成了第 160 特遣队在“沙漠之狐”行动中执行的唯一一次任务。

## 图集五：“豺狼石”演习

▲ 2009 年度“豺狼石”（Jackal Stone）演习中，由克罗地亚、匈牙利和波兰特种部队士兵组成的突击小组迅速冲向一架前来接应他们撤离的第 160 特种作战航空团的 MH–47“支奴干”直升机

▲ 2009 年 9 月 21 日，亚德里亚海，一名参加“豺狼石”演习的特种部队士兵正从悬停在美国海军“希金斯”号导弹驱逐舰（舷号 DDG 76）上方的 MH-47 特种作战直升机上沿绳梯登上甲板。这架 MH-47 直升机隶属于第 160 特种作战航空团。本次演习地点位于欧洲东南部的克罗地亚，共有 10 个国家的特种部队参加，包括一系列演练科目，目的是为了提升参演国家之间的军事合作和互通性

▲ 2009 年，亚得里亚海上空，作为“豺狼石”演习中直升机空中加油任务的一部分，一架 MC-130P“阴影”加油机正在对第 160 特种作战航空团的一架 MH-47“支奴干”进行空中加油。这架 MC-130P 隶属于美国空军第 352 特种作战群第 67 特种作战中队，驻地位于英格兰米尔登霍尔皇家空军基地

▲ 一名隶属于第 67 特种作战中队的机组人员正在 MC-130P 加油机的尾舱门处观察 MH-47“支奴干”进行空中受油

▲ 在克罗地亚科瓦切沃（KOVACHEVO）进行的 2009 年度“豺狼石”演习中，一名波兰特种部队士兵趴在地上进行警戒，空中是一架第 160 特种作战航空团的 MH-47“支奴干”直升机

▲ 2010 年 9 月 20 日，波兰斯维德温（Swidwin），一名参加“豺狼石 2010”演习的第 160 特种作战航空团 MH-47G 机组人员正从尾舱门处观察直升机降落区。“豺狼石 2010”演习由波兰和立陶宛承办，美国欧洲特种作战司令部协调，共有包括美国、波兰、立陶宛、拉托维亚、克罗地亚、罗马尼亚和乌克兰等 7 国的特种部队参加

▲ 克罗地亚扎达尔（ZADAR），2009 年度“豺狼石”演习中，一架第 160 特种作战航空团的 MH-47“支奴干”直升机正在进行跨亚得里亚海空中加油

▲ 2010 年度“豺狼石”演习中，一名第 160 特种作战航空团 MH-47G 直升机上的机枪手正在进行瞄准

2011 年“豺狼石”演习中，来自罗马尼亚、挪威特种部队和美国海军第 2 特种作战群（NSWG-2）的队员一起从一架第 160 特种作战航空团的“支奴干”直升机上快速绳降着陆，共有 9 个国家的特种部队参加了该年度的演习，演习地点位于保加利亚、罗马尼亚和乌克兰

2011 年 9 月 16 日，参加 2011 年度 " 豺狼石 " 演习的保加利亚特种部队成员和美国陆军第 10 特种部队群的战士一起从一架第 160 特种作战航空团的“支奴干”直升机上快速绳降着陆

2011 年度 " 豺狼石 " 演习中，罗马尼亚、挪威特种部队成员正快速绳降着陆在一艘停在黑海水域的美国海军舰船上。这架参演直升机隶属第 160 特种作战航空团

▲ 2011年9月16日，参加2011年度"豺狼石"演习的罗马尼亚、克罗地亚特种部队成员以及美国陆军第10特种作战群的“绿色贝雷帽”队员一起从一架第160特种作战航空团的“支奴干”运输直升机上快速绳降登舰

## 全球反恐战争

### （2001年 至今）

“9·11”以来，随着美国全球反恐战争的推进，第160特种作战航空团也被频频使用，其部署范围之广、战况之激烈均远远超过了此前的任何时期。关于这一时期的情况，外界了解很少，但有一点可以肯定，第160特战航空团在获得长足进步的同时，也付出了不小的伤亡代价。

2001年10月19日，一架隶属第160特种作战航空（团）的MH-47E“支奴干”直升机搭载美国陆军“绿色贝雷帽”特种部队ODA 595作战分遣队，从位于乌兹别克斯坦西南部的卡什汗阿巴德（Karshi-Khanabad，K2）空军基地飞越150英里，在印度德里着陆。几周后，ODA 595 分遣队、ODA 555 分遣队和北方联盟军队一起从塔利班政权手中夺回了马扎里沙里夫城。同年 12 月，“暗夜潜行者”们有力地支援了由美国三角洲特种部队（Delta Force）、英国特别舟艇部队（Special Boat Service，SBS）和中情局特殊行动部（Special Activities Division，SAD）人员组成的 150 人分遣队在托拉博拉山区追捕本拉登的行动。

2002 年，一架第 160 特种作战航空（团）的“支奴干”直升机在菲律宾失踪，4 人遇难。

2003 年，伊拉克。在美军入侵伊拉克的战争中，第 160 特种作战航空（团）为许多特种作战行动提供了支援，其中包括 2003 年营救被俘女兵杰西卡·林奇的阿尔卡迪西亚突袭行动，以及 2004 年对三名意大利承包商和一名被伊拉克叛乱分子绑架索取赎金的波兰商人的营救行动。

2005 年，阿富汗，在执行营救马库斯·鲁特雷尔的任务时，第 160 特种作战航空（团）的一架 MH-47“支奴干”直升机被火箭助推榴弹（RPG）击中，飞机上的 8 名“暗夜潜行者”成员和 8 名海豹队员丧生。马库斯·鲁特雷尔是美国海军海豹队员，他在与另外 3 名海豹队员执行“红翼行动”（Operation Red Wings）的过程中暴露了行踪，被当地的牧羊人发现，并向塔利班武装报告。

在此次行动中失踪的“暗夜潜行者”成员包括：

2013 年 6 月 28 日，科罗纳多海军基地，在“红翼行动”纪念仪式上，海豹部队指挥官 Stephen Link 将一个花环放在通向海军特种作战司令部指挥官办公室的入口处附近，对牺牲人员表示哀悼和纪念。2005 年 6 月 28 日的这次行动夺去了 11 名海豹队员和 8 名第 160 特种航空团战士的生命

萨默斯·O·戈尔参谋军士，29岁，来自俄亥俄州的丹维尔；克里·J·古德纳切尔一级准尉，35岁，来自明尼苏达州的克拉克斯韦；凯普·A·雅各布中士，21岁，来自佛罗里达州的庞帕诺比奇；马库斯·V·姆拉勒斯上士，33岁，来自印第安纳州的谢尔比维尔；詹姆斯·W·庞德尔三世军士长，36岁，来自田纳西州的富兰克林；斯蒂芬·C·莱克少校，34岁，来自康涅狄格州的华盛顿仓库；迈克·L·拉塞尔上士，31岁，来自弗吉尼亚州的斯塔福德；克里斯·J·斯克肯班奇一级准尉，40岁，来自佛罗里达州的杰克逊维尔。

◀ 被安葬于阿灵顿国家公墓（ARLINGTON NATIONAL CEMETERY）的美国陆军第160特种作战航空团第2营三级准尉（Chief Warrant Officer 3，CW3）John ANDREW Quinlan的墓碑。John A. Quinlan于1970年2月26日出生于弗罗里达州的杰克森维尔，2007年2月18日在阿富汗东南部进行的“持久自由”行动中牺牲。当时他驾驶的MH-47“支奴干”直升机在向战场运送人员的途中被地面武器击中而坠毁，同机牺牲的还有Hershel D. McCants Jr.三级准尉、Adam A. Wilkinson中士、Travis R. Vaughn专业军士、Brandon D. Gordon专业军士、一等兵Ryan C. Garbs、一等兵Kristofer D. S. Thomas和美国空军Scott E. Duffman技术军士

◀ 美国陆军第160特种作战航空团第3营四级准尉（Chief Warrant Officer 4，简称CW4）Chris J. Scherkenbach的墓碑。Chris J. Scherkenbach于1964年11月3日出生于弗罗里达州的杰克森维尔，2005年6月28日在阿富汗东部进行的“持久自由”行动中牺牲。当时他驾驶的MH-47“支奴干”直升机在向战场运送人员的途中被地面武器击中而坠毁

2006 年 9 月，执行人道主义救援任务的一架第 160 特种作战航空团的 MH-47“支奴干”直升机正准备降落在美国海军“黄蜂”（USS Wasp）号两栖攻击舰的甲板上

2008 年，第 160 特种作战航空团参与了“阿布·凯马尔”突袭行动和在丹佛举行的美国特种作战司令部（US Special Operations Command，SOCOM）反恐演习。同年 4 月 24 日，作为第 160 特种作战航空团转型计划的一部分，该团 D 连在佐治亚州的亨特陆军机场退出现役。

2009 年 8 月 19 日，在科罗拉多州莱德维尔的一次山区环境训练中，一架 MH-60“黑鹰”直升机坠毁，第 160 特种作战航空团第 1 营 D 连的 4 名成员丧生。同年 10 月 22 日，在距弗吉尼亚州福特斯托瑞 20 英里处，一架参加“北极号”联合训练演习的第 160 特种作战航空团第 3 营的直升机在进行快速绳降训练时坠毁。该事故导致 29 岁的陆军上士詹姆斯·R·斯泰艾特死亡，8 人受伤，其中 3 人伤势严重。

2011 年 5 月 1 日，美国宣布了猎杀基地组织领袖奥萨马·本·拉登的“海神之矛”行动的相关细节。在这次行动中，“暗夜潜行者”和海军特种作战发展群（Naval Special

Warfare Development Group，DEVGRU，即通常所说的海豹 6 队）组成的精锐特遣队突袭了拉登在巴基斯坦边境的藏身地，击毙了这个美国的头号敌人。行动中，第 160 特种作战航空团的一架 MH-60 “黑鹰” 直升机在降落时受损并就地销毁。姗姗来迟的巴基斯坦军方人员随后运走了直升机的残骸。

2011 年 6 月，阿富汗，第 160 特种作战航空团的两架 MH-47 “支奴干” 直升机正准备降落在一个简易机场，为一支由海军海豹和阿富汗突击队组成的联合特遣队提供任务支援。MH-47 是专为特种作战行动设计的重型运输直升机，能够搭载相当数量的全副武装人员进行敌后渗透和撤离行动，即使在阿富汗山区的高海拔和严酷气候下也表现出色

2010 年，伊拉克北部地区，一架第 160 特种作战航空团的 MH-60L “黑鹰” 直升机搭载美国和伊拉克特种部队穿越沙漠

在 PANAMAX 2011 演习中，秘鲁特种部队士兵从一架第 160 特种作战航空团的 MH-60L“黑鹰”直升机上快速绳降着陆

“融合反应 2012”联合演习中，一架第 160 特种作战航空团的 MH-60“黑鹰”直升机运载陆军“绿色贝雷帽”特种部队和圭亚那士兵抵达任务区域

刘易斯－麦克科德联合基地（JBLM），一名参加第 75 游骑兵团第 2 营特遣部队训练（Task Force Training）的 2 营 B 连战士和军犬一起正从一架 MH-60 直升机上快速绳降而下。这架 MH-60 隶属于第 160 特种作战航空团

## 总结

作为美国陆军唯一的特种作战航空部队，第 160 特战航空团被公认为是全球最顶尖的夜间作战航空支援力量。纵观其 20 多年的历史，第 160 特战航空团始终引领着全球陆军航空兵飞行技术发展和新装备开发的潮流。在挑战和困境之中，他们始终坚持自己的箴言——“暗夜潜行，永不言弃。”可以想见，第 160 特战航空团在今后仍将一如既往地扮演着美国军队的尖刀角色，为维护美国的全球利益而不懈战斗。

2012 年 10 月 18 日，路易斯安娜州波尔克堡，一架参加联合战备训练中心—果断行动（Joint Readiness Training Center - Decisive Action）的第 160 特种作战航空团 MH-47 直升机正在杰罗尼莫（Geronimo）着陆区待命

夜间行动中，第 160 特种作战航空团的一架 MH-47“支奴干”直升机正在装载士兵

夜空中在树梢头掠行的“暗夜潜行者”

印地安纳州马斯卡它塔克（Muscatatuck）城市训练中心，夜视镜影象中，一架执行夜间训练任务的第 160 特种作战航空团的 CH-47“支奴干”直升机正准备降落

夜间行动中的第 160 特种作战航空团直升机

夜间行动中的 MH-47“支奴干”直升机

第二章 >>

# 02 现状

## 部队概况

▲ 美国陆军特种作战航空司令部（USASOAC）臂章

▲ 美国陆军特种作战航空司令部（USASOAC）部队标识

第160特种作战航空团（空降）（160th Special Operations Aviation Regiment，160 SOAR）是美国陆军首要的夜间作战航空单位和唯一的特种作战航空单位，其主要任务是为美军各特种部队的训练和行动提供直升机空中支援。第160特种作战航空团的前身是1981年10月16日成立的第101空中突击师第160航空营。1986年10月16日，该营脱离第101空中突击师序列，番号变更为第160航空群。1990年6月28日，第160航空群番号变更为第160航空（团）。2005年10月1日，第160航空（团）番号变更为第160航空团。第160航空团原先隶属于美国陆军特种作战司令部，随着美国陆军特种作战航空司令部（临时）【Army Special Operations Aviation Command (Provisional)】于2011年3月25日成立，该团也随之转隶新司令部。第160航空团更广为人知的称呼是第160特种作战航空团，或第160特遣队。由于经常实施夜间行动，该团成员也获得了“暗夜潜行者”（Night Stalkers）的绰号。

▲ 第 160 特种作战航空团（SOAR）徽章

▲ 第 160 特种作战航空团指挥官纪念章

▲ 摆放整齐的第 160 特种作战航空团勋章和纪念章

第 160 特种作战航空团的总部位于肯塔基州坎贝尔堡，下辖第 1、2、3、4 共计四个现役航空营和一个航空训练营，总人数约 1800 人。其中第 1、2 营和训练营驻地位于坎贝尔堡，第 3 营驻地位于佐治亚州萨凡纳·亨特陆军机场，第 4 营驻地位于华盛顿州的刘易斯－麦科德联合基地。第 1 营驾驶的机型包括 AH-6、MH-6、MH-60K 和 MH-60L DAP；第 2 营驾驶 MH-47E；第 3 营驾驶 MH-60L 和 MH-47D；第 4 营是特种作战航空支援营，其前身是驻地位于巴拿马科贝堡基地的前沿部署连（D 连）。

自美国全球反恐战争开始以来，第 160 特种作战航空团经历了一个快速扩张的时期。截至 2002 年 6 月底，该团总人数约为 1400 人，下辖 3 个营以及 D、E、F、G 四个连。2002 年 7 月，美国陆军宣布扩大特种作战航空部队以满足美军在全球范围内特种作战行动日益增长的支援需求，部队规模从现有的 3 个营增加到 4 个营，包括 900 名士兵和 35 架新的直升机，在 2009 年之前全部完成。2010 年，原选拔和训练分队被正式命名为特种作战航空训练营。

▲ 2011 年 7 月 19 日，亚里桑那州华楚卡堡，第 160 特种作战航空团指挥官 John Thompson 上校和"快速反应能力 2"的人员交谈。"快速反应能力 2"是一支新成立的无人驾驶航空系统（无人机）连，刚刚获得批准佩带美国特种作战航空司令部（USASOC）的臂章

▲ 2011年6月8日，肯塔基州坎贝尔堡，Gregory Chambers 军士长（左）从第160特种作战航空团指挥官 John Thompson 上校手中接过团旗，接任 David Leamon 军士长担任团指挥军士长

▲ 2011年4月11日，华盛顿州刘易斯－麦克科德联合基地，联合特种作战司令部指挥官、海军中将 William H. McRaven 向一名“暗夜潜行者”成员颁发“杰出飞行十字勋章”。共有8名“暗夜潜行者”获此殊荣

▲ 2011年4月11日，华盛顿州刘易斯－麦克科德联合基地，8名“暗夜潜行者”成员被授予“杰出飞行十字勋章”

▲ 在第160特种作战航空团授勋仪式上，美国陆军特种作战司令部指挥官 Charles Cleveland 中将向在场者讲述获奖者的英勇事迹

▲ 美国陆军特种作战司令部指挥官 Charles Cleveland 中将为第160特种作战航空团的成员颁发勋章

▲ 2002 年 10 月 28 日，在访问肯塔基州坎贝尔堡期间，美国国防部副部长 Paul Wolfowitz 和来自第 101 空中突击师以及第 160 特种作战航空团的士兵一起共进早餐

▲ 在肯塔基州坎贝尔堡举行的退役仪式上，即将退役的第 160 特种作战航空团五级准尉 George “Billy” Cook、Karl H. Maier 和团指挥官 John R. Evans Jr. 上校并排站立。Cook 和 Maier 两人的服役时间加起来超过 70 年，其中超过 50 年是在“暗夜潜行者”度过

▲ 第 160 特种作战航空团指挥官 John Thompson 上校（左）、退役将军 Bryan “Doug” Brown（中）正在为新落成的“Bryan “Doug” Brown Compound”标志揭牌。最右边者是美国陆军特种作战航空司令部指挥官 Kevin W. Mangum 少将

▲ 第 160 特种作战航空团 Richard Nielsen 三级准尉（左）从团指挥官 John Thompson 上校（右）手中接过“陆军航空折翼证书”（Army Aviation Broken Wing）。Nielsen 和其他两名战友因对一次飞行紧急情况的正确处置而获得由美国陆军安全中心（Army Safety Center）颁发的证书

▲ 2011 年 10 月 15 日，在第 160 特种作战航空团成立 30 周年庆典上，来自纽约消防局的 Patrick Neville（左）和 Justin Devine（右）展示为纪念自“9 · 11”恐怖袭击事件以来第 160 特种作战航空团对反恐战争所做贡献而专门制作的纪念牌，牌上刻有“160 SOAR”标志。该纪念牌由一块从被炸毁的世贸大楼中回收的钢材以及一辆消防车上的金属制成

▲ 2011 年 10 月 15 日，在第 160 特种作战航空团成立 30 周年庆典活动中，一名美国陆军特种作战司令部“黑色短剑”（Black Dagger）跳伞队成员在乐队演奏的美国国歌声中从天而降，他的身后是一面美国国旗

▲ 2010 年 11 月 20 日，“手炉行动”协调员 Burt Sappenfield 在第 75 游骑兵团第 1 营军士 Christopher Shanahan 的协助下，将为游骑兵和第 160 特种作战航空团第 3 营准备的装有 5000 个暖手炉和 500 张圣诞贺卡的箱子搬到第 75 游骑兵团的总部大楼前

▲ 2012 年 2 月 2 日，阿拉巴马州拉克堡，退役将军、优秀飞行员 Richard Cody 向来自第 160 特种作战航空团的 Brian Hughes 中校和 Johnny Jones 指挥军士长颁发“艾利斯帕克中将杰出贡献奖”（Lt. Gen. Ellis D. Parker Best Table of Distribution and Allowances Award）

▲ 2014 年 5 月 21 日，在肯塔基州坎贝尔堡举行的一年一度的“暗夜潜行者”活动纪念仪式周（Week of Night Stalker Activities Memorial Ceremony）上，第 160 特种作战航空团指挥官 John R. Evans Jr. 上校和“暗夜潜行者”联合会主席、退役上校 Vincent Reap 先生共同将一个花圈放在“暗夜潜行者”纪念碑（Night Stalker Memorial）的碑座上

▲ 第 160 特种作战航空团指挥官 John R. Evans Jr. 上校和“暗夜潜行者”联合会主席、退役上校 Vincent Reap 先生向“暗夜潜行者”纪念碑敬礼

▲ 2004 年 5 月 26 日，肯塔基州坎贝尔堡，阵亡战友缅怀暨纪念建筑物落成仪式上的第 160 特种作战航空团上士 Frank Rodarte（右）和飞行教官 Eugene Kopp（左）

▲ 纪念仪式上的第 160 特种作战航空团直升机群

▲ “金星奖章”（Gold Star）获得者、第 160 特种作战航空团三级准尉 Steven B. Redd 的女儿在坎贝尔堡团部附近纪念小径（Remembrance Trail）她父亲的纪念树下。Steven B. Redd 于 2011 年 8 月 8 日在佐治亚州本宁堡的一次训练事故中丧生

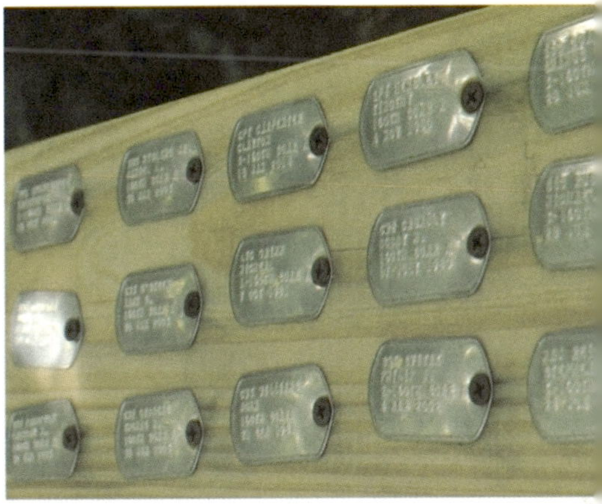

▲ 坎贝尔堡，第160特种作战航空团团部附近新修的纪念小路（Remembrance Trai）的一座小桥上整齐排列的牺牲队员的“狗牌”（Dog tags）

◀ 2004年5月26日，肯塔基州坎贝尔堡，阵亡战友缅怀暨纪念建筑物落成仪式上，一个名叫Lauren Gibbons的5岁小女孩坐在她父亲生前驾驶的直升机上。左边是她的妈妈Kelly Gibbons，她的父亲Joseph Gibbons准尉在2003年的一次行动中牺牲

## 任务种类

▲ 美国和秘鲁官员乘坐两架美国陆军第160特种作战航空团的MH-60"黑鹰"直升机前往观看在秘鲁中部帕斯克（Pasco）地区举行的美国—秘鲁联合特种部队演习。该演习的目的是为了分享军事战术，提升协同能力，并增强两国之间的友谊

▲ 秘鲁中部帕斯克地区，一架搭载秘鲁特种部队士兵的MH-60"黑鹰"直升机正准备起飞。这架"黑鹰"隶属第160特种作战航空团

尽管美国陆军下辖的所有航空部队都具备支援特种作战的能力，第160特种作战航空团却是一支专属的特种作战航空支援力量，负责为美军在全球的特种作战任务提供支援，并为此做好准备、训练和任务组织。第160特种作战航空团的组织结构使其能够快速调配相关人员和装备来满足特种作战部队的任务需求。对于所属装备，该团负有组织、训练、装备、整合、部署、维持和维护职责，由战区军事指挥官在全球范围内进行部署和调遣，以遂行直接行动、特种侦察和其他特殊任务。

具体来说，第160特种作战航空团的任务包括：

· 渗透、撤离和对特种作战部队（SOF）进行补给；

· 实施空中攻击和空中突击；

· 进行武装护航、侦察、监视和电子作战来支持特种作战部队的任务；

· 为特种作战分队提供$C^3$（指挥、控制和通信）支持；

· 在和平时期和应急行动中提供通用航空支持。

在上述各种任务中，最常见的任务是以空中秘密进入的方式，搭载特种作战分队进行渗透和撤离，以及实施补给。

除了与美国陆军、空军、海军和海军陆战队等各军种特种部队进行密切协作外，第160特种作战航空团还经常与美国的盟友如英国、韩国等国的特种部队开展联合训练。

▲ 一架刚刚执行完美国南方特种作战司令部和秘鲁军队联合军演任务的第160特种作战航空团MH-60“黑鹰”直升机正准备降落在秘鲁首都利马的一个军事基地。美国南方特种作战司令部（SOCSOUTH）是美国南方司令部（U.S. Southern Command，简称SOUTHCOM）的特种作战分支，总部位于弗罗里达州Homestead空军预备基地，其主要职责之一是协助中美洲、南美洲以及加勒比海国家建立和发展军事能力

▲ 联合训练中的克罗地亚、匈牙利和波兰特种部队正准备登上一架第160特种作战航空团的MH-47“支奴干”直升机。作为美国陆军最精锐的特种作战支援部队，第160特种作战航空团经常和外军特种部队一起训练和作战，包括1991年第一次海湾战争期间运载英国特种空勤团（SAS）小组深入伊拉克战线后方搜寻飞毛腿导弹的行动

▲ 联合训练中，一名趴卧在地上的波兰特种部队士兵为一架正在起飞的第 160 特种作战航空团 MH-47“支奴干”直升机提供安全警戒

▲ 联合训练中，两架第 160 特种作战航空团的 MH-47“支奴干”直升机正准备降落在一艘罗马尼亚海军舰船的甲板上

▲ 来自美国海军陆战队特种作战团（MSOR）的队员从一架已着陆停稳的 MH-47 直升机上迅速展开

▲ 在加利福尼亚州彭德尔顿军营附近海域的训练中，来自海军陆战队特种作战团第 1 营的队员正从一架 CH-47“支奴干”直升机的尾舱跳入水中

在加利弗尼亚州彭德尔顿军营附近海域的 VBSS 训练中，来自海军陆战队特种作战团第 1 营的队员从悬停在模拟货船甲板上方的 CH-47 直升机上绳降着陆，进行警戒。VBSS 是访问 / 登船 / 搜索 / 夺占（Visit, Board, Search and Seizure）行动的简称，主要用于对付武装走私、贩毒、恐怖主义和海盗行为

▲ 美国空军第125特殊战术中队（Special Tactics Squadron）的成员从一架悬停在空中的第160特种作战航空团的MH-47“支奴干”直升机上快速绳降着陆

▲ VBSS训练中，一名隶属海军陆战队特种作战团第1营的特战队员正沿着绳梯攀爬上MH-47“支奴干”直升机的尾舱。作为美国陆军的精锐特种部队，第160特种作战航空团的任务遍及全球各地，支援对象不仅包括美军各特种部队，还包括盟军特种部队

第 23 特殊战术中队的空降搜救员正沿绳梯爬上一架第 160 特种作战航空团的 MH-60“黑鹰”直升机

美国空军第 23 特殊战术中队的队员从一架第 160 特种作战航空团 MH-47“支奴干”直升机的尾舱门处依次跳人水中。“暗夜潜行者”驾驶的“支奴干”直升机能够执行一系列两栖渗透和撤离行动，包括通过直升机投放渗透和通过绞车 / 绳梯从水中撤离人员。MH-47 是 CH-47 的特种作战变型，机上装有各种先进的传感器、通信设备和电子干扰设备，能够胜任在敌区的渗透、撤离和再补给任务

2013 年 4 月 9 日，弗罗里达州 Wynnehaven 海滩，来自第 23 特殊战术中队（Special Tactics Squadron，STS）的美国空军人员和第 160 特种作战航空团的人员协作进行人员救援训练。第 160 特种作战航空团的任务是为常规或特种作战行动提供直升机支援。第 23 特殊战术中队的主要任务则是负责对支援所在行动区域的空天力量进行整合、同步和控制

一名隶属第 23 特殊战术中队的美国空军人员正从第 160 特种作战航空团的 MH-47 直升机上跳入水中。空军特殊战术中队包括战斗控制员小组（Combat Controller Team）、空降搜救员（Pararescuemen）和特种作战气象小组（Special Operations Weather Team）。直升机渗透技巧是特殊战术队员的基本关键技能之一

▲ 一架第 160 特种作战航空团的 MH-47“支奴干”正从机身左侧舱门将一名美国空军特殊战术人员（Special Tactics Airman）向上提升。MH-47 最多可以将人员或货物提升 200 英尺，重量最多达 600 磅

▲ 一名特种作战战斗舟艇艇员（SWCC）正通过 MH-60“黑鹰”直升机上放下的绳梯向上攀爬。这架接应 SWCC 撤离的“黑鹰”直升机隶属第 160 特种作战航空团

▲ 海军海豹队员从一架第 160 特种作战航空团的 MH-60“黑鹰”直升机上跳入水中

▲ 2007 年 9 月 19 日，北卡罗来纳州库瑞海滩，刚刚从空中盘旋的 MH-47“支奴干”直升机上跳入水中的美国空军特种作战航空人员（special operations Airmen）乘坐“佐迪亚克”橡胶舟驶向目的地。这架 MH-47“支奴干”隶属第 160 特种作战航空团。这些特种作战航空人员来自弗罗里达州赫尔伯特机场，MH-47“支奴干”来自肯塔基州坎贝尔堡，他们共同进行为期 2 周的训练

▲ 2007 年 5 月，执行搜索 3 名失踪美军士兵任务的第 160 特种作战航空团“黑鹰”直升机

▲ 陆军“绿色贝雷帽”士兵正从一架悬停的 MH-60“黑鹰”直升机上快速绳降登上一座建筑物顶

## 职位情况

第 160 特种作战航空团由美国陆军中最好的直升机飞行员和支援人员组成。尽管他们积极寻求优秀的新人加入，但无论军官还是士兵都是自愿的，由美国陆军人力资源司令部（Army Human Resources Command）负责具体招募工作。所有士兵在加入第 160 特种作战航空团时都要接受强化训练，并要通过“绿色排”（Green Platoon）课程。第 160 特种作战航空团也招募女性，但只限于一些行政职位，一线战斗岗位依然对女性禁入。

下面所列的是第 160 特种作战航空团中的部分职位情况。

## 航空军官

**概述：**

航空军官负责协调、领导作战行动，具体来说，包括运载部队或物资，实施快速打击和远距离目标打击。

他们能够驾驶包括 OH-58“基奥瓦”直升机、UH-60“黑鹰”直升机、CH-47“支奴干”直升机、AH-64“阿帕奇”直升机以及 M/AH-6“小鸟”在内的美国陆军直升机。

▲ 位于北卡罗来纳州布拉格堡的约翰肯尼迪特种作战中心和学校，一名来自第 160 特种作战航空团的 MH-60 直升机机长正通过耳麦和他手下的飞行员交谈。这架 MH-60“黑鹰”正在执行快速绳降渗透/撤离系统（Fast Rope Insertion Extraction System）的训练任务。该训练属于特种部队高级侦察、目标分析和爆破技术课程（Special Forces Advanced Reconnaissance, Target Analysis, and Exploitation Techniques Course）的一部分

**工作职责：**

协调所有航空人员和飞机的部署；

指挥、控制各航空排；

提供航空协调；

在各航空学校或战斗训练中心教授航空技能。

**要求：**

申请者必须首先完成军种职业能力倾向测试（ASVAB），这一系列的测试会帮助申请者了解自身的优势，进而确定陆军中最适合自己的工作。

**训练：**

航空军官必须完成航空学校的课程学习，掌握驾驶旋转翼飞机的基础飞行技能。此外，还需要学习其他一些技能，如基础飞行物理学以及飞行系统知识、应急程序、飞行地图的绘制和阅读等。在此之后，会进行陆军飞行员战斗飞行所需要的一些基础战斗训练，并将进一步细分到以下几种直升机之一：

OH-58“基奥瓦”直升机；

UH-60“黑鹰”直升机；

AH-64“阿帕奇”直升机；

CH-47“支奴干”直升机；

M/AH-6“小鸟”直升机。

**实用能力：**

自律、自信、智慧；

心理及生理上承受压力的能力；

迅速决策的能力；

承担多种责任的能力。

**补偿待遇：**

补偿待遇包括住房、医疗、食品、任务开支以及假期等。

**教育奖励：**

符合条件的学生可以获得全额学费、优秀生奖学金、购书和学费津贴，以及每年的生活费津贴等。

**对退役后职业的帮助：**

学习到的技能有助于从事商业管理等领域的工作。陆军军官和企业中的管理是相通的。

▲ CH-47“支奴干”直升机飞行员

▲ CH-47“支奴干”直升机飞行员

## 航空作战专家

**概述：**

航空作战专家的主要任务是负责战术飞行任务的策划和派遣。正是在他们的努力下，美国陆军作为全球最大的航空队伍之一才能得以安全和高效的运作。

**工作职责：**

处理地方及国际飞行许可；

检查飞行计划的准确性并加以协调；

为入境或出境飞行做航空日志，并记录私人飞行；

为坠机提供安全警报；

发布并分析气象预报。

**要求：**

申请者必须首先完成军种职业能力倾向测试（ASVAB），这一系列的测试会帮助申请者了解自身的优势所在，并确定陆军中最适合自己的工作。

**训练：**

航空作战专家的职能训练包括为期 10 周的基础战斗训练以及包括在职培训在内的为期 8 周的高级个人训练。这一部分时间既有课堂学习，也有模拟战场条件的学习。

**需要学习的技能有：**

陆军航空作战及记录保存介绍；

调度飞机及机组人员的程序；

飞行计划及机场运作。

**实用能力：**

使用电脑工作的兴趣；

使用打字机和办公设备的能力；

对数学、飞机以及空中交通的兴趣；

准确记录的能力。

**补偿待遇：**

补偿待遇包括住房、医疗、食品、任务开支以及假期等。

**教育奖励：**

符合条件的学生可以获得全额学

▲ 交谈中的 MH-60“黑鹰”直升机机长

▲ “绿宝石勇士 2013”演习中，两名第 160 特种作战航空团的 MH-47G 飞行员正在进行起飞前的准备

费、优秀生奖学金、购书和学费津贴，以及每年的生活费津贴等。

**对退役后职业的帮助：**

所学习的技能将会有助于在航空领域的工作。航空作战专家在退役后常常可以在商业或私营航空公司、航空运输公司以及机场找到待遇优厚的工作。

一名 MH-60“黑鹰”直升机驾驶员正在进行起飞前的准备 ▶

▲ 2013 年 8 月 29 日，布拉格堡，现任“暗夜潜行者”飞行员和越南战争时期的陆军直升机飞行员老兵合影

## 组织架构

第 160 特种作战航空团下辖团部、第 1 营、第 2 营、第 3 营、第 4 营和 E 连。

其中，团部下辖 1 个团部和团部连、1 个特种作战航空训练营，驻地位于肯塔基州坎贝尔堡。

第 1 营下辖 1 个营部和营部连、1 个装备 AH-6M“小鸟”直升机的轻型武装直升机连、1 个装备 MH-6M“小鸟”直升机的轻型攻击直升机连、1 个装备 MH-60L DAP“黑鹰”直升机的中型攻击直升机连、1 个装备 MH-60K“黑鹰”直升机的中型攻击直升机连、1 个装备 MH-60M“黑鹰”直升机的中型攻击直升机连和 1 个航空维修连。第 1 营驻地位于肯塔基州坎贝尔堡。

第 2 营下辖 1 个营部和营部连、2 个装备 MH-47G “支奴干”直升机的重型攻击直升机连和 1 个航空维修连。第 2 营驻地位于肯塔基州坎贝尔堡。

第 3 营下辖 1 个营部和营部连、1 个装备 MH-60L“黑鹰”直升机的中型攻击直升机连、2 个装备 MH-47G “支奴干”直升机的重型攻击直升机连和 1 个航空维修连。第 3 营驻地位于佐治亚州亨特陆军机场。

第 4 营下辖 1 个营部和营部连、1 个装备 MH-60L“黑鹰”直升机的中型攻击直升机连、2 个装备 MH-47G “支奴干”直升机的重型攻击直升机连和 1 个航空维修连。第 4 营驻地位于华盛顿州路易斯 – 麦克科德联合基地。

E 连主要装备 MQ-1C“灰鹰”无人机，驻地位于韩国大邱市。

时任美国总统乔治 · W · 布什在到访肯塔基州坎贝尔堡期间，向约 1 万名军人及其家属发表演讲。在演讲中，布什称第 101 空中突击师、第 160 特种作战航空团和第 5 特种部队群的战士们“干得很漂亮”

肯塔基州坎贝尔堡，美国陆军特种作战航空司令部（U.S. Army Special Operations Aviation Command，USASOAC）的臂章纪念仪式上，第160特种作战航空团指挥官John R. Evans上校和各营指挥官正在列队等待接受USASOAC的臂章

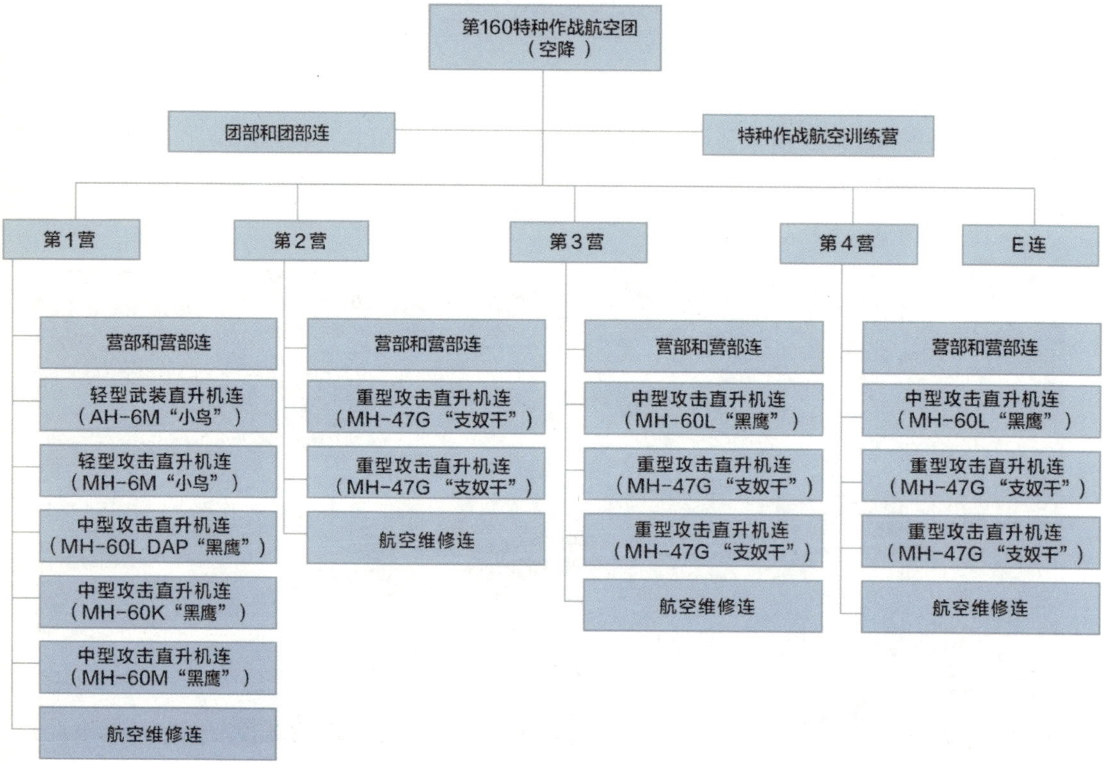

## 图集六：“年度最佳士官和士兵”竞赛

▲ 2010 年 4 月 6 日，第 160 特种作战航空团“年度最佳士官和士兵竞赛”的“勇士技能”部分的比赛中，来自第 3 营的 Brian Sekita 上士（跪姿者）正通过望远镜观察，以完成一个 S-A-L-U-T-E 报告。位于他身后的是担任比赛裁判的 Charles Phillips 中士

▲ 第 160 特种作战航空团“2010 年度最佳士官和士兵竞赛”的“勇士技能”部分比赛中，来自特种作战航空训练营的 Aaron Bibbee 中士正在操作一挺 M240B 机枪

▲ 第 160 特种作战航空团“2013 年度最佳年度士官和士兵”竞赛中，参赛人员正在进行瞄准射击

▲ 射击中的参赛人员，注意他头上穿戴的防毒面具和枪身下面的“Y”形支架

▲ 2010 年 4 月 8 日，肯塔基州坎贝尔堡，在“第 160 特种作战航空团 2010 年度最佳士官和士兵”授予仪式上，分别获得相关荣誉的 Jacob M. Barner 上士（右）、一等兵 Lawrence E. Schores（左）和团指挥军士长 David L. Leamon（中）一起列队准备

▲ 第 160 特种作战航空团“2010 年度最佳士官和士兵竞赛”的“粉色排”科目中，来自第 2 营的女性“暗夜潜行者”正在进行圆木训练

▲ 第 160 特种作战航空团“2010 年度最佳士官和士兵竞赛”的“粉色排”科目中，来自第 2 营的女性“暗夜潜行者”正依次通过横在水塘上方的平衡木

▲ 第 160 特种作战航空团 2010 年度最佳士官和士兵竞赛的“粉色排”科目中，来自第 2 营的女性“暗夜潜行者”正在进行水塘障碍训练

▲ 第 160 特种作战航空团“2010 年度最佳士官和士兵”竞赛的“粉色排”科目中，来自第 2 营的女性“暗夜潜行者”正在进行障碍训练

▲ “2013 年度最佳年度士官和士兵”竞赛“粉色排”科目中，来自第 160 特种作战航空团第 1 营的女兵正在进行拖拽车辆科目训练

▲ 第 160 特种作战航空团“2013 年度最佳年度士官和士兵”竞赛“粉色排”科目中，来自第 1 营的女兵正在进行瞄准射击

## 行动列表

| 行动 | | 国家 | 年份 |
|---|---|---|---|
| “紧急暴怒”行动 | | 格林纳达 | 1983 |
| “诚挚意志/黄金机会”行动 | | 波斯湾 | 1987-1988 |
| “山地希望三号”行动 | | 乍得 | 1988 |
| “正义事业”行动 | | 巴拿马 | 1989 |
| “沙漠盾牌”行动 | | 伊拉克 | 1990 |
| “沙漠风暴”行动 | | 伊拉克 | 1991 |
| “重建希望”行动 | | 索马里 | 1993 |
| “哥特之蛇”行动 | | 索马里 | 1993 |
| “持久自由”行动 | | 阿富汗/巴基斯坦 | 2001-2014 |
| “伊拉克自由”行动 | | 伊拉克 | 2003-2010 |
| “新曙光”行动 | | 伊拉克 | 2010-2011 |
| “海神之矛”行动 | | 巴基斯坦 | 2011 |

# 图集七：跳伞训练

▲ 2013 年 4 月 16 日，弗罗里达州 Homestead 空军预备基地，一架第 160 特种作战航空团的 MH-60“黑鹰”直升机正准备降落。注意位于飞机右前方连接油箱的可伸缩受油管，可以由美国空军 MC-130P“战斗阴影”等加油机进行空中加油

▲ MH-60“黑鹰”直升机正准备降落在着陆区。机场跑道上，隶属美国南方特种作战司令部的跳伞员正在等待登机，他们使用的是 MC-6 型降落伞

▲ 机场跑道上，一名隶属南方特种作战司令部的通信军官、一级准尉 Benjamin Sales（右侧）正在检查另一名跳伞员的跳伞装具

▲ 跳伞前，陆军中士 Lloyd 正在向跳伞员简述跳伞安全事项

▲ 跳伞员登上 MH-60“黑鹰”直升机

▲ 隶属南方特种作战司令部（Special Operations Command South）的跳伞员正登上一架 MH-60“黑鹰”直升机。MH-60 每次可携带 6 名跳伞人员

▲ MH-60“黑鹰”直升机搭载 6 名跳伞员升空，驶向预定投放点，准备执行一次直升机空降行动

▲ 即将跳伞离机的陆军军士长 Carlos Parrilla（前）和 Scott Bishop 少校正在观察脚下的着陆区

▲ 隶属南方特种作战司令部（SOCSOUTH）的跳伞专家、陆军军士长 William Baker 正向坐在 MH-60 直升机两侧舱门处即将离机的跳伞员发出指令。由于直升机飞行中产生的巨大噪声，他必须大声喊才能确保跳伞员能够听清。这架 MH-60“黑鹰”由第 160 特种作战航空团提供

▲ 跳伞员跳离直升机。黄色的带子就是连接降落伞和飞机的固定拉绳，固定拉绳的一端是挂钩，另一端是一根钢针，降落伞包通过钢针封装。跳伞员跳离飞机后，固定拉绳留在飞机上，钢针脱离降落伞，降落伞顺利打开。这种方式称为固定拉绳跳伞，跳伞员跳离飞机后，降落伞会自动打开，因此多见于新手跳伞

▲ 2014 年 2 月 21 日，弗罗里达州 Homestead 附近比斯开湾的一次水上跳伞训练中，美国南方特种作战司令部跳伞专家、陆军中校 Jim Urbec（右侧）正在将 Charles T. Cleveland 中将的降落伞固定拉绳固定在 MH-60 “黑鹰” 直升机的甲板上

▲ 作为 15 名水上跳伞员的其中一名，美国陆军特种作战司令部指挥官 Charles T. Cleveland 中将从 MH-60 “黑鹰” 直升机上跳下

▲ Charles T. Cleveland 中将从 MH-60 直升机上跳下以后检查开伞情况

▲ 陆军上士 Derek Auguste（左侧）指挥一名隶属南方特种作战司令部的跳伞员跳离 MH-60“黑鹰”直升机

▲ 一名隶属于 SOCSOUTH 的陆军跳伞专家正在观察一名跳伞员跳离 MH-60“黑鹰”直升机。这是一次水上跳伞行动，降落地点位于 Homestead 空军预备基地附近的比斯开湾

弗罗里达州 Homestead 空军预备基地附近的 Biscayne 湾上空，进行跳伞训练的第 160 特种作战航空团的队员正准备着陆

▲ 来自美国南方特种作战司令部的士兵和迈阿密—戴德郡的警官驾驶救生艇快速抵达跳伞员落水点，执行水上救生任务

▲ 顺利落入水中的第 160 特种作战航空团专业军士 Eddie Sandoval 正在解开胸前的备份伞和胸带。共有 15 名队员参加了这次从 MH-60“黑鹰”直升机上跳伞的空降行动，跳伞高度为 1500 英尺

▲ 隶属于南方特种作战司令部的一名通信军士长正准备登上一艘由迈阿密－戴德郡的警务部门提供的救援船。这艘救援船用于协助 SOCSOUTH 进行水上救援行动

## 第 160 特种作战航空团（空降）第 1 营

第 160 特种作战航空团（空降）第 1 营的前身是 1982 年 4 月 1 日在肯塔基州坎贝尔堡正式成立的第 160 航空营 A 连。第 160 航空营最初隶属于第 101 空中突击师，1986 年 10 月 16 日起脱离第 101 空中突击师建制，成为独立单位。

1988 年 1 月 16 日，第 160 航空营进行了重组，番号变更为第 160 航空群，第 160 航空营 A 连的番号也因此变更为第 160 航空群 A 连。1990 年 5 月 16 日，第 160 航空群 A 连再次重组并变更番号为第 160 航空（团）第 1 营营部和营部连。与此同时，构成第 1 营的其他 4 个连队也宣告成立，他们分别由原第 160 航空群的 B、C、D 和 F 连改组而成。第 1 营成立之初，有报道称其主要用于支持第 1 特种部队分遣队——三角洲特种部队（SFOD-D 或 Delta Force）、海豹六队和政府情报机构的绝密行动，但没有得到军方证实。到 21 世纪初，第 1 营配备了 18 架 AH-6H / J、18 架 MH-6H / J、20 架 MH-60K 和 15 架 MH-60L（其中有大约一半被配置为 MH-60L DAP 飞机，也被称为 AH-60L）。

2005 年 10 月 1 日，该营正式变

▲ 来自第 160 特种作战航空团第 1 营的陆军专业军士正在进行摩托车驾驶训练。该训练属于驾驶培训计划（Rider Education Program）中的基础驾驶课程（Basic Rider Course），训练地点位于坎贝尔堡。在为期 2 天的课程中，参训者将掌握基础入门级的摩托车驾驶技能，为今后可能进行的安全街区摩托行动打下基础

▲ 2012 年 1 月 6 日，肯塔基州坎贝尔堡，第 160 特种作战航空团第 1 营指挥官 Mike Hertzendorf 中校（左）向部属发表讲话。随后，他将为 8 名“暗夜潜行者”成员颁发“杰出飞行十字勋章”（Distinguished Flying Cross）

更番号为第 160 特种作战航空团第 1 营。

**下辖单位**

- 营部和营部连
- A 连
- B 连
- C 连
- D 连
- E 连
- F 连

**装备**

- AH-6J/M “小鸟”
- MH-6J/M “小鸟”
- MH-60K “黑鹰”
- MH-60M “黑鹰”
- MH-60L DAP

**驻地**

- 肯塔基州，坎贝尔堡

第 160 特种作战航空团第 1 营 F 连上士 Jonathan Wayne Presley，他于 2012 年 4 月 24 日在田纳西州克拉克维尔的一次摩托车事故中丧生，时年 37 岁。Presley 上士是一名电子设备维修军士

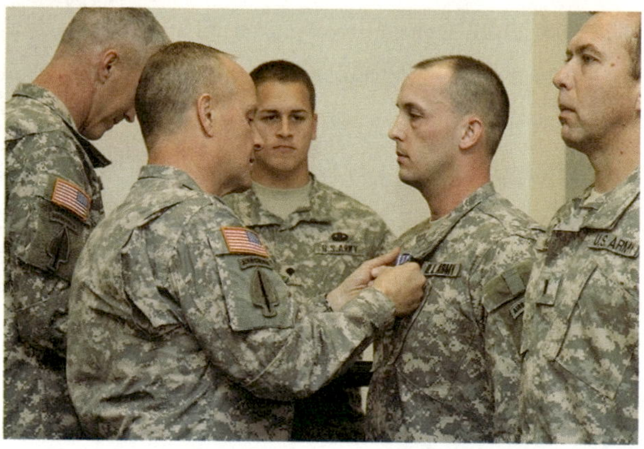

美国陆军特种作战航空司令部（USASOAC）指挥官 Kevin Mangum 准将将一枚“杰出飞行十字勋章”别在第 160 特种作战航空团上尉 Michael Hilquest 的胸前。Hilquest 上尉是一名 MH-6M “小鸟”直升机驾驶员，因为在“持久自由”行动中表现英勇而获颁勋章

## 第 160 特种作战航空团（空降）第 2 营

第 160 特种作战航空团（空降）第 2 营的前身是 1982 年 4 月 1 日在肯塔基州坎贝尔堡正式成立的第 160 航空营 B 连，隶属第 101 空降师部队序列。1986 年 10 月 16 日脱离第 101 空中突击师建制独立。

1988 年 1 月 16 日，第 160 航空营进行了重组并变更番号为第 160 航空群。第 160 航空营 B 连的番号也随之变更为第 160 航空群 B 连。1990 年年初，第 160 航空群第 3 营 D 连正式解散，D 连所属各排成为随后在坎贝尔堡成立的第 160 航空（团）第 2 营的骨干和最初资源。1990 年 5 月 16 日，第 160 航空群 B 连重组为第 160 特种作战航空（团）第 2 营营部和营部连，构成第 2 营的其他连队也同时宣告成立。该营装备是 24 架清一色的 MH-47E“支奴干”重型直升机，后来被改装为 MH-47G“支奴干”特种作战直升机。

在任务分配方面，最初由第 2 营和第 3 营共同承担支持“白色特种部队”（包括 4 个现役特种部队群和第 75 游骑兵团）行动的职责。然而，支持“黑色特种部队”的任务需求削弱了支援力量，最终只剩下第 2 营的 B 连用于支持“白色特种部队”。

▲ 2011 年 9 月 12 日，肯塔基州坎贝尔堡，在第 160 特种作战航空团第 2 营 C 连的退出现役仪式上，C 连连长 Keith Sandoval 少校（左）和第 2 营营长 Phil Ryan 中校一起表情肃穆地注视着 C 连的连旗

▲ 肯塔基州坎贝尔堡，在“黑马”营安全日活动上，第 160 特种作战航空团第 2 营指挥官 Phil Ryan 中校向部属讲话。在安全日活动上，第 2 营组织所属人员进行课堂学习并颁发奖章

1990 年 8 月，伊拉克入侵科威特。当时，第 160 特种作战航空（团）的第 2 营和第 3 营接到命令，抽调部分兵力前往美国中央司令部（CENTCOM）的任务辖区，参加“沙漠盾牌”行动。第 2 营无法在满足现有任务需求的同时，派出 8 架 MH-60 和 4 架 MH-47 直升机，而第 3 营仍处在战斗力生成阶段，根本无法满足需求。最终的决定是由第 2 营的 B 连派出 2 架“支奴干”，包括全体机组人员以及辅助人员、装备、维修配件和工具，加入以第 3 营为主力组建的 3 /160 特遣队。

2005 年 10 月 1 日，该营正式变更番号为第 160 特种作战航空团第 2 营。

**下辖单位**

- 营部和营部连
- A 连
- B 连
- D 连

**装备**

- MH-47G 支奴干

**驻地**

- 肯塔基州，坎贝尔堡

▲ 2011 年 8 月 15 日，肯塔基州坎贝尔堡，第 160 特种作战航空团第 2 营指挥官 Phil Ryan 中校（左）和团指挥官 John Thompson 上校（右）一起将该营获得的第一个功勋部队表彰长旗（Meritorious Unit Commendation Streamer）固定在第 2 营的营旗上

▲ 2011 年 8 月 16 日，肯塔基州坎贝尔堡，第 160 特种作战航空团第 2 营授勋仪式上，团指挥官 John Thompson 上校和第 2 营 Brian Buckingham 中士握手。Buckingham 中士是一名直升机机组成员，因为杰出表现被授予 2 枚“空军奖章”（Air Medal）

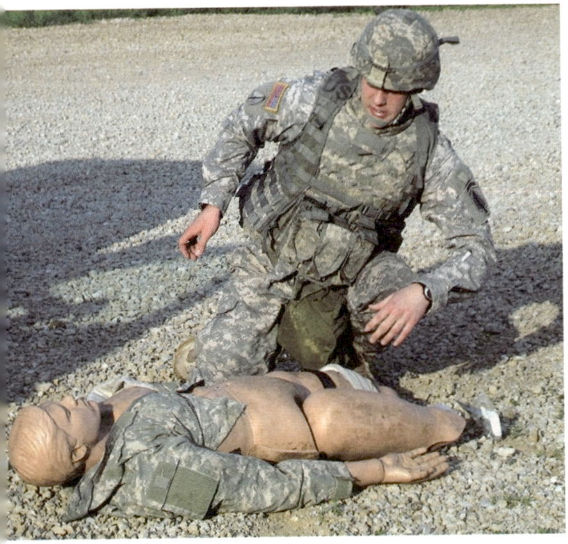

▲ 第160特种作战航空团“年度最佳士官和士兵”竞赛中，来自第2营的飞机动力装置维修员 Robert Pennywitt 中士正在进行战场急救测试

▲ 一名第160特种作战航空团第2营的士兵正在体验安装在 MH-47G 特种作战直升机上的 M240 型弹链供弹机枪。这款机枪安装上了刚刚设计完成、尚未交付测试的 MH-47G 武器辅助解决包

## 第 160 特种作战航空团（空降）第 3 营

第 160 特种作战航空团（空降）第 3 营的前身是 1982 年 4 月 1 日在肯塔基州坎贝尔堡正式成立的的第 160 航空营 C 连，隶属第 101 空降师部队序列。1986 年 10 月 16 日脱离第 101 空中突击师建制独立。

1986 年 10 月 3 日，第 129 特种作战航空连的成立仪式在亨特陆军机场举行，该连是一支独立的改进编制与装备（Modified Tables Of Equipment，MTOE）连队。第 129 特种作战航空连的成立源于由美国陆军和空军参谋长联合发起的一系列倡议中的第 17 项。第 17 项倡议试图将所有用于支持特种作战的美国陆军旋翼飞机和美国空军固定翼飞机联合起来，以解决陆军的 4 个特种部队群和第 75 游骑兵团缺乏战术直升机支持的问题。当时，这 5 支部队，俗称“白色特种部队”，无法得到第 160 航空营的支持，该营当时的主要任务是支持国家特殊任务部队，也就是所谓的 “黑色特种部队” 。1987 年初，第 129 特种作战航空连的人员和装备部分转移到位于巴拿马的第 617 特种作战航空支队，该连只剩下 10 架 MH−60 “黑鹰”直升机和大约 125 名士兵。此次重组由美国空军提出，作为第 17 项倡议的一部分，替换掉位于巴拿马霍华德空军基地的 5 架 UH−1N “休伊” 直升机。

第 129 特种作战航空连力量的削减部分促成了第 160 特种作战航空群的扩张，陆军需要更强有力的特种作战航空力量以应对日益增多的任务需求。1988 年 1 月 16 日，第 160 航空营进行了重组，番号变更为第 160 航空群。第 160 航空营 C 连随之变更番号为第 160 航空群 C 连。

在 1988 年底，美军将第 129 特种航空连改编为第 160 航空群第 3 营 A 连。紧接着在 1989 年初，美国陆军为组建第 160 特种作战航空群第 3 营专门成立了核心骨干团队。按照计划，第 3 营将由 “支奴干” 直升机和 “黑鹰” 直升机混编而成，专门用于支援 “白色特种部队” 。

1990 年 5 月 16 日，第 160 特种作战航空群 C 连与第 160 航空（团）第 3 营营部和营部

▲ 2011 年 6 月 16 日，佐治亚州亨特陆军机场，在第 160 特种作战航空团第 3 营指挥交接仪式上，新任第 3 营指挥官 William T. Golden 中校（左）从团指挥官 John W. Thompson 上校（右）手中接过第 3 营营旗。右侧关注者是即将离任的第 3 营指挥官 Kirk E. Keepers 中校

▲ 圣安东尼奥－布利斯军营联合基地（Joint Base San Antonio-Camp Bullis），代表第 160 特种作战航空团第 3 营的两名中士 Zachery Becker 和 Joseph Hernandez 正在进行 M-9 手枪压力射击科目的测试

连合并。后者已于 1989 年 9 月 16 日在佐治亚州亨特陆军机场正式成立。合并后的新部队番号为第 160 特种作战航空（团）第 3 营营部和营部连。该营的其它组成单位已在 1988 年 1 月 16 日至 1989 年 9 月 16 日间先后组建。该营共配备 20 架 MH-60L“黑鹰”（包括 MH-60L DAP）和 8 架 MH-47D“支奴干”直升机（后改装为 MH-47G“支奴干”特种作战直升机）。

1990 年 8 月，伊拉克入侵科威特，美军随即开始实施“沙漠盾牌”行动。第 160 特种作战航空（团）以第 3 营为主，配属第 2 营的部分兵力组成的 3/160 航空特遣队奉命参战。1990 年 9 月初，3/160 航空特遣队抵达了沙特阿拉伯法赫德国王国际机场（King Fahd International Airport，KFIA），归属美军中央司令部（CENTCOM）指挥。KFIA 的条件非常清苦。3/160 航空特遣队和同样部署在 KFIA 的第 5 特种部队群（空降）的指挥官努力说服了美军中央司令部的高层，将两个单位移驻到国王凯立德军事城（King Kahlid Military City，KKMC）。KKMC 距离 KFIA 约 250 英里，但是离伊拉克南部边境不到 70 英里，从 KKMC 出发，特遣队的飞机装载一次燃料就可以轻松飞入伊拉克并返回。到达 KMMC 之后，特遣队就立刻开始执行严格的计划，使部队为即将到来的实战任务做好充分准备。

3/160 航空特遣队在“沙漠风暴”行动开始前 12 小时才接到通知。在空战初期阶段，该部队的主要任务是实施作战搜索和救援（CSAR）。3/160 航空特遣队的行动出发基地位于拉法的一个小型商业机场。拉法位于沙特阿拉伯中北部、伊拉克边境以南，从该地出发，3/160 航空特遣队的直升机不用再次加油就可以覆盖包括伊拉克南部大部分地区在内的广大区域，最远可以到达巴格达。接到命令后，全部机组迅速出动。1991 年 1 月 17 日凌晨 2 点，机组在联军战机深入伊拉克领空前夕抵达拉法。

转移到拉法的过程并非一帆风顺。第 3/160 航空特遣队的一架"支奴干"报告了一枚地对空导弹的发射。在实施规避机动时，这架直升机撞到了地面，撞断了左前方和右后方的起落架。"支奴干"到达拉法后，维修人员开始积极工作，把床垫和轮胎放置在机身下面，试图使飞机保持机身直立。这成为当天晚上唯一让人感到刺激的事情。

尽管伊军的防空系统基本处于瘫痪状态，第 3/160 航空特遣队还是把执行 CSAR 任务的人员和装备调到 KKMC，并在多个前线行动点（Forward Operating Location）部署了几个 CSAR 小队。每个小队包括两架飞机及机组人员、通信人员、一名情报分析员、操作和维护人员以及一辆加油车。行动情报图片从 KKMC 不断向各 CSAR 小队传送，并实时更新。空中战斗期间，第 3/160 航空特遣队首次使用夜视镜作辅助，成功营救了一名被击落的飞行员。

行动后期，第 3/160 航空特遣队的任务重点转向了支援特种部队小组的渗透行动。在他们的协助下，特种部队发回了大量关于伊拉克南部交通干线和道路网络的情报，对于盟军的作战行动发挥了至关重要的作用。

"沙漠风暴"行动之后，第 3 营继续为美国陆军特种部队、陆军游骑兵和海豹突击队在

▲ 2010 年 7 月 22 日，亨特陆军机场内部垒球锦标赛中，第 160 特种作战航空团（SOAR）3 营 D 连的 Andrew Moody 正在比赛中。SOAR 最终以 8:3 的大比分赢得了最终的胜利

▲ 第 160 特种作战航空团“年度最佳士官和士兵”竞赛中，来自第 3 营的飞机武器系统维修员 Joshua Kakuk 中士正在进行部队行动任务测试

全球范围内的行动提供航空支援。2005 年 10 月 1 日，该营正式变更番号为第 160 特种作战航空团第 3 营。

**下辖单位**

· 营部和营部连
· A 连
· B 连
· C 连
· D 连

**装备**

· MH-47G “支奴干”
· MH-60L “黑鹰”
· MH-60L DAP“黑鹰”

**驻地**

· 佐治亚州，亨特陆军机场

## 第 160 特种作战航空团（空降）第 4 营

第 160 特种作战航空团（空降）第 4 营的前身是 1982 年 4 月 1 日在肯塔基州坎贝尔堡正式成立的的第 160 航空营 D 连，隶属第 101 空中突击师部队序列。1986 年 10 月 16 日脱离第 101 空中突击师建制独立。

1987 年初，作为实施第 17 项倡议的一部分，美国空军开始将其位于巴拿马霍华德空军基地的 5 架 UH-1N“休伊”直升机撤离。为了填补实力空白，同年 10 月，第 129 特种作战航空连将其下属的一个排的直升机转移到霍华德空军基地。该排后来演变为第 617 特种作战航空支队。在其后的 18 个月里，第 129 特种作战航空连为组建第 617 特种作战航空支队提供了所有必需的人员、装备和培训。1989 年 3 月，在正式接收了第 129 特种作战航空连转让的 5 架 MH-60L“黑鹰”直升机之后，第 617 特种作战航空支队开始作为正式单位独立运行。

▲ 华盛顿州刘易斯—麦克科德联合基地，来自第 160 特种作战航空团第 4 营的 MH-47G“支奴干”和 MH-60M“黑鹰”直升机与一架老式的 B-25 轰炸机编队飞行

1988 年 1 月 16 日，作为第 160 航空营重组并改编为第 160 特种作战航空群的转型计划的一部分，第 160 航空营 D 连变为第 160 特种作战航空群 D 连。1990 年 6 月 28 日，第 160 特种作战航空群 D 连被改编为第 160 特种作战航空（团）A 连，并于 1993 年 11 月 15 日在肯塔基州坎贝尔堡退出现役。

1995 年 6 月 16 日，第 160 特种作战航空（团）A 连变更番号为第 160 特种作战航空（团）D 连，由驻巴拿马的第 617 特种作战航空支队改组而来。美军撤出巴拿马后，该单位于 1999 年搬到波多黎各的罗斯福路。当时，D 连只有 5 架 MH-60L“黑鹰”直升机、64 名士兵和 25 名文职人员，但却参照小型营进行任务编组。该连下辖 4 个排：连部排、空降排、航空维修排和飞行排。作为前沿部署连队，D 连具备以下几个优势。第一，D 连是与所支持的部队在一起部署，这有助于双方的沟通和融合。第二，其成员能更好地与驻地所在国家的人民进行沟通。D 连的积极语言培训计划要求连队所属士兵都要根据个人不同情况，掌握某种程度的的西班牙语。其课程设置中，既包括加利福尼亚蒙特利国防语言学院的西班牙语课程，也包括在哥斯达黎加和厄瓜多尔等西班牙语国家的融入式语言学习。第三，和其他特种部队之间经常进行的积极的训练和演练检验并牢牢确立了 D 连实施联合行动的战术、技术和程序。

无论是在罗斯福路训练、联合训练、综合交流训练、反毒品行动，还是在其他由美国南方特种作战司令部（Special Operations Command South，SOCSOUTH）领导的任务中进行部署，由 D 连和地面特种分队组成的联合作战小组都能为战斗指挥官提供独一无二的能力。

▲ 华盛顿州刘易斯－麦科德联合基地，在第 160 特种作战航空团第 4 营指挥变更仪式上，新任的第 4 营指挥官 Heath Niemi 中校从团指挥官 John Thompson 上校的手中接过第 4 营的营旗

▲ 即将离任的第 4 营指挥官 Michael Hertzendorf 中校在新任指挥官 Heath Niemi 中校的陪同下，最后一次检阅部队

▲ 肯塔基州坎贝尔堡，第 160 特种航空作战团第 4 营指挥变更仪式上，团指挥官 John Thompson 上校将第 4 营军旗交给新任营长 Chad Chasteen 中校。前任营长 Heath Niemi 中校已于 2 年任期期满后，到北卡罗来纳州布拉格堡的陆军特种作战司令部（Army Special Operations Command）任职

此外，在人道主义救援行动和搜索救援任务中，D 连也发挥了无可替代的作用。按照相关规定，南方特种作战司令部的指挥官在获得批准之后，可以在任务管辖区内调派 D 连进行人道主义救援行动和搜索救援（Search And Rescue，SAR）任务。在 1997 年和 1998 年间，D 连实施了两次对哥斯达黎加公民的搜救任务，其中一个公民在丛林迷失，另一个则是在海上失踪。在这两个例子中，D 连的直升机在收到通知后 3 小时内起飞，并协助相关部门成功找回了受害者。在 1998 年的“飓风乔治”人道主义救援行动中，D 连在收到通知后 3 小时内从巴拿马部署到多米尼加共和国，并在接到通知后的 36 小时内实施了现场救援行动。同样在 1998 年，在“飓风米奇”行动中，2 架 MH-60L“黑鹰”在接到通知后 3 小时内部署完毕，当天即在洪都拉斯展开救援协调。数天之后，这些飞机仍在萨尔瓦多和危地马拉飞行，执行救援任务。

1999 年 7 月，D 连在波多黎各的基地接到命令，和地面部队一起搜救一架美军空中侦察、低空（ARL）直升机，该飞机在执行反毒品任务时在哥伦比亚南部撞上了山坡。事故现场地形非常崎岖，这给任务执行人员带来了很大的困难，但他们别无选择。D 连机组人员保持高度警惕，在黑暗中穿过加勒比海，第二天就飞越安第斯山脉，最终成功地找到遇难飞行员的遗体，并将他们成功运回。1999 年下半年，D 连又作为“基本响应行动”的一部分被派去帮助委内瑞拉泥石流的受害者。在接到命令 18 小时后，D 连人员就成功在委内瑞拉迈克蒂亚着陆。

2005 年末，第 160 特种作战航空团在肯塔基州坎贝尔堡组建了一个临时第 4 营。2006 年 6 月 7 日，美国陆军宣布将第 160 特种作战航空团 F 连移驻华盛顿州路易斯堡，并在那里成立了第 160 特种作战航空团 G 连。2006 年 12 月 6 日，在华盛顿州路易斯堡举行了第 160 特种作战航空团第 4 营成立仪式，并展示了新单位的旗帜。第 160 特种作战航空团 D 连进行了重组，改编为第 160 特种作战航空团第 4 营营部和营部连。第 160 特种作战航空团 F 连和 G 连番号被撤销，改编为第 4 营的下属连队。D 连、F 连和 G 连此前分别承担美国南方司令部（SOUTHCOM）、欧洲司令部（EUCOM）和中央司令部（CENTCOM）地区的职责。

2008 年底，第 160 特种作战航空团第 4 营在华盛顿州路易斯堡正式组建，下辖 5 个连队共计 400 名人员。这 5 个连队包括一个营部和营部连、两个拥有 MH-47G“支奴干”直升机的重型攻击直升机连、一个拥有 MH-60L“黑鹰”直升机的中型攻击直升机连和一个航空维修连。

在 2009 年末，第 160 特种作战航空团 E 连番号被撤销，并入第 160 特种作战航空团第 4 营，部署在韩国前线。第 4 营将主要为太平洋地区的特种作战行动提供航空支援。

▲ 第 160 特种作战航空团指挥官 John Thompson 上校将第 4 营营旗交给 Chad Chasteen 中校，后者将接替 Heath Niemi 中校担任第 4 营指挥官。Heath Niemi 中校则将去位于布拉格堡的陆军特种作战司令部履新

▲ 第 160 特种航空作战团指挥变更仪式上，第 4 营新任营长 Chad Chasteen 中校向第 4 营 580 名官兵及其家属发表就职演讲

▲ 第 160 特种作战航空团第 4 营通信兵在亚当斯山山顶架起一个高 1.2 米的 GATR 卫星天线系统

**下辖单位**

· 营部和营部连

· A 连

· B 连

· C 连

· D 连

**装备**

· MH-47G “支奴干”

· MH-60L “黑鹰”

**驻地**

· 华盛顿州，路易斯堡

▲ 刘易斯－麦科德联合基地（Joint Base Lewis-McChord）格雷陆军机场，一名第 160 特种作战航空团第 4 营的油料补给军士正为来自第 16 战斗航空旅和第 7 步兵师的油料补给专业军士讲解 CH-47“支奴干”油料再补给行动的相关事项。学员们总共要在 4 种不同的飞机平台上进行实际操作训练

▲ 来自第 160 特种作战航空团第 4 营 A 连的“暗夜潜行者”成员

## 第 160 特种作战航空团（空降）E 连

第 160 特种作战航空团（空降）E 连的前身是 1982 年 4 月 1 日在肯塔基州坎贝尔堡正式成立的的第 160 航空营 E 连，隶属第 101 空中突击师部队序列。1986 年 10 月 16 日脱离第 101 空中突击师建制独立。

1988 年 1 月 16 日，该部队进行重组，新的部队番号为第 160 特种作战航空群 E 连。1990 年 6 月 28 日，该部队番号变更为第 160 特种作战航空（团）B 连，并于 1993 年 11 月 15 日在肯塔基州坎贝尔堡退出现役。1999 年 1 月 29 日，再次改编为第 160 特种作战航空（团）E 连，并于 2001 年 3 月 16 日在肯塔基州坎贝尔堡再入现役。E 连花了差不多一年的时间为将它所属的约 100 名军人、50 名文职人员和 6 架 MH−47E“支奴干”直升机转移到韩国大邱市做准备。在 2001 年的夏天，E 连正式搬到大邱市，标志着陆军特种作战航空力量在韩国部署的开始。

抵达韩国之后，E 连代替美国空军第 31 特种作战中队，负责整个太平洋战区的特种作战空运任务，空军原先使用的 MH−53J 直升机被替换成了陆军的 MH−47E 直升机。美军希望通过增加特种部队的战场运送能力来提高特种部队的使用效率。通过这次更替，美军只消耗了有限的资源，却使战区特种部队变得更为高效、迅速和精干。作为前线部署连队，E连还有其他好处，比如将有机会与其他特种部队密切合作，加强美国在韩国的军事存在从而有助于加强美韩军事联盟等。

2009年年底，第160特种作战航空团（空降）E连番号撤销，成为第160特种作战航空团（空降）第4营下属单位。2010年，E连番号重新起用，新单位的主要任务是为特种作战行动提供无人驾驶飞行器支持。2010年12月4日至2011年5月31日期间，第160特种作战航空团（空降）E连在支持美国特种作战司令部和美国中央司令部在阿富汗的作战行动中表现卓越。2013年3月29日，E连因其优异的表现荣获“集体功绩嘉奖”（Meritorious Unit Commendation）。

**装备**

· MQ-1C“灰鹰”

· MH-47E “支奴干”

**驻地**

· 韩国，大邱市

▲ 在利比陆军机场（Libby Army Airfield）进行的第160特种作战航空团E连成立仪式的最后，E连人员、家属和佳宾共同唱美国陆军军歌

▲ 2013 年 11 月 19 日，第 160 特种作战航空团 E 连成立仪式上，一名 E 连队员正在向参观者介绍 MQ-1C“灰鹰”无人驾驶飞机系统（Unmanned Aircraft System）的性能

## 第 160 特种作战航空团（空降）特种作战航空训练营

特种作战航空训练营（Special Operations Aviation Training Battalion，SOATB）以坎贝尔堡为基地，主要负责为第 160 特种作战航空团培训飞行和机组人员，此外也可执行其它类型的任务。SOATB 共管理有 16 个培训项目，这些项目对于确保第 160 特种作战航空团的标准化建设和飞行安全至关重要。培训项目包括基础学习、飞行训练和航空团专有设备的维护。

要成为第 160 特种作战航空团的飞行员，申请者首先必须完成飞行学校的训练，而后在飞行部队度过一个完整任期，并经受所在部队进行的机长（pilot-in-command）评估。要想增加选拔通过的成功率，候选者最好已经完成 1000 个飞行小时和 100 小时的夜间飞行，尽管这并非必需。作为选拔过程的一部分，候选者要在肯塔基州坎贝尔堡参加一个为期一周的涵盖生理、心理和情感方面的评估。体能测试也是必需项目，包括陆军体能测试（Army Physical Fitness Test，APFT）和海军二级游泳测试，其中包括穿着全套飞行背心和头盔游泳。

在候选者接受测试时，会有一个由多名军官和相关专家组成的委员会对他们的表现和潜力进行评估。

那些分配到第 160 特种作战航空团的新人需要参加“绿色排”训练。作为由特种作战航空训练营进行的入门级训练，“绿色排”课程专注于技能发展、自信心的建立以及团队合作精神的培养。士兵的训练通常持续 5 周，而飞行员的训练则要持续到 8 个月。由于第 160 特种作战航空团经常是使用夜视镜和红外设备在夜间飞行在水面或树梢之上 30 英尺高处，“绿色排”就着重训练飞行员在这些方面的技能。依据所分配的任务，部分士兵也有机会参加空降、高级航空 MOS、水上求生以及生存／规避／抵抗／逃离（Survival, Evasion, Resistance and Escape，SERE）训练。

▲ 前第 160 特种作战航空团 S3 军官 Jeffery J. Bragg 少校从 Clayton M. Hutmacher 准将手中接过特种作战航空训练营（SOATB）的营旗，担任该营指挥官。右后目视交接者为 SOATB 前指挥官 Mark. G. Kappelmann，他将担任驻德国的第 214 航空团第 1 营指挥官

▲ 直升机飞行模拟器上再现的穿着第 160 特种作战航空团制服的 UH-1H 飞行员。训练者可以在绿色制服和黑色制服之间两选其一。

当第 160 航空营于 20 世纪 80 年代初成立的时候，陆军特种作战航空部队还没有成型的战术、技术和程序（Tactics, Techniques and Procedures，TTP）可以借鉴。没有手册用于阐释第 160 航空营要执行的特殊任务，没有手册解释夜视镜的使用方法，也没有关于飞行员可能面临的各种环境和自然条件的介绍。正是在这种情况下，第 160 航空营的飞行员和支援人员在仅有的传统陆军令条和各成员专业知识的基础上，怀着必

▲ 由 Barco 潜艇模拟器演变而来的 AH/MH-6“小鸟”直升机模拟器

▲ Barco 发明的潜艇模拟器

胜的决心和信心，在工作中逐渐摸索和总结，取得了长足的进步。但是，这种应急的办法却也导致了许多事故。1983 年，由于训练事故率突增，陆军专门成立了一个专家组检查第 160 航空营训练策略和行动节奏方面存在的问题。检查结束后，专家组建议成立一个独立的、专职的特种作战航空训练单位。

1985 年，第 160 航空营组建了第一个培训单位，因其学员都是刚刚加入的新人，因此又被称为“绿色排”。绿色排的航空训练计划根据陆军战备训练计划和机组人员训练手册制订，由第 160 航空营的行动军官和飞行教官进行管理。这个新项目为学员们提供了一个受控的环境，也就是说学生可以在脱离现实任务要求的环境中学习第 160 航空营的技术和程序。由于第 160 航空营没有额外的人员配备给培训项目，这个初出茅庐的项目创建只能是“捉襟见肘”。这意味着，当行动或演练对项目的人员资产提出大量需求的时候，绿色排的训练就会受到限制。

1988 年 7 月，特种作战航空训练迎来了另一个里程碑，当时第 160 特种作战航空群从其所属人员中抽调精英骨干，创建了“选拔和训练分队”（Selection and Training Detachment）。虽然这仍然是一个“捉襟见肘”的组织，选拔和训练分队仍全心致力于培训和招聘。它的形成使第 160 特种作战航空团的其他连队能够专注于特种作战支援任务，因为新飞行员的训练开始有了一个共同的高标准。1988 年 11 月，选拔和训练分队扩大了工作范围，开始为第 160 特种作战航空群征募的士兵提供训练。

尽管选拔和训练分队很快就证明了自己的价值，但教练短缺的问题依然存在。为了解决这个问题，第 160 特种作战航空团决定雇佣拥有综合技能和经验的平民任务教官（Civilian

Mission Instructors，CMI）来培训单位成员。

最初的 CMI 概念包括雇用退休的飞行教官服务一年。如果 CMI 项目在第一年底被证明成功的话，第 160 特种作战航空团将把这个项目正式化。CMI 测试项目开始于 1990 年 8 月，招聘了 6 名 CMI。在人员分配上，当时第 160 特种作战航空团共装备 3 种基本机型：MH－47 D“支奴干”、MH–6“小鸟”和MH－6 0“黑鹰”，每种机型配备 2 名 CMI。所有的 CMI 都是之前在第 160 特种作战航空团拥有“飞行机长资格”（flight-leader-qualified）的飞行员，他们向新成员传授和分享了大量的经验。1991 年，陆军研究所评估并批准了 CMI 项目。很快，该项目就扩展成为训练新分配人员的主要培训项目。

▲ CH–47“支奴干”直升机模拟装置

1992 年 9 月 11 日，选拔和训练分队被暂时命名为“特种作战航空训练连”（Special Operations Aviation Training Company，SOATC），但“绿色排”的绰号一直流传了下来。SOATC 配备了至少 8 架 MH–6C（可能多达 15 架）、3 架 MH–47D、2 架 MH–47E、3 架 MH–60L 和 2 架 MH–60K 直升机。MH–6C 飞机既用于基础特种作战航空训练，也用于航空团使用的 AH/ MH–6 机型的适应训练。MH–47D/E 和 MH–60K/L 飞机则专门用于与同类型飞机相关的训练。MH–6C 飞机最终被 MH–6J 飞机取代。

2010 年，选拔和训练分队被正式命名为特种作战航空训练营（SOATB），营部位于肯塔基州坎贝尔堡，下辖 A 连、B 连和 D 连。其中，A 连是营部连，并负责教授战斗技巧；B 连是飞行连；D 连是战地维护连。SOATB 年均安排 235 个训练日，共计 10500 个飞行小时。每年有 80 名军官学员和 325 名士兵学员从这里毕业。SOATB 的训练分为三大块：“绿色排”训练、埃里森水上训练设施和飞行训练。其中，“绿色排”训练包括格斗、地面导航、射击、体能、负重行军和急救课程等；埃里森水上训练设施包括浸泡训练和紧急呼吸；飞行训练包括基础技能（任务计划和报告）、高级技能（飞机资格和各种环境下的行动）和战斗任务飞行模拟器训练。

**下辖单位**

- A 连
- B 连
- D 连

**装备**

- MH-6C 小鸟
- MH-6J “小鸟”
- MH-47D “支奴干”
- MH-47E “支奴干”
- MH-60K “黑鹰”
- MH-60L “黑鹰”

**驻地**

- 肯塔基州，坎贝尔堡

▲ 2013 年 7 月 24 日，肯塔基州坎贝尔堡埃里森水上训练设施（Allison Aquatics Training Facility，AATF），参加水上逃生技巧训练的来自第 511 工兵连（隶属于第 36 工兵旅第 326 工兵营）的士兵正在特种作战航空训练营（Special Operations Aviation Training Battalion）教官的指导下，从一个 CH-47 “支奴干”直升机模拟装置中脱身

▼ 水上逃生技巧训练中的第 511 工兵连士兵

# 图集八：水中训练

▲ 在教官的注视下，一名第 160 特种作战航空团成员正在进行水中求生资格测试，背包上是一支训练用 M4 卡宾枪

▲ 一名第 160 特种作战航空团专业军士正在系紧安全带，为最后一次乘坐浅水出口训练器（Shallow Water Egress Trainer，SWET）做准备。站在他面前观察他动作的是一位航空生命支援设备救生员（Aviation Life Support Equipment rescue swimmer）

▲ 水上求生训练中的 David Pliego 专业军士，他是第 160 特种作战航空团第 4 营的一位 UH-60“黑鹰”直升机机长

◀ 在华盛顿州刘易斯－麦科德联合基地（JBLM）进行飞行机组人员水上救生训练中，第 160 特种作战航空团第 4 营的 David Pliego 专业军士正向救生衣中吹入空气。飞行机组人员每年都要参加水上救生训练，只有通过该项训练，他们才能获得或继续持有航空水上救生证书 (aviation water survival certification)

第三章 >>

# 03 武器装备

## AH-6“小鸟”

▲ OH-6A“小马”是一种轻型战术直升机。这架编号为69-16011的“小马”直升机由休斯工具公司（Hughes Tool Company）制造于1969年。先是在第20运输连服役，后来又用船运至越南，现在则归属历史直升机连（Historic Helicopter Company）

AH-6“小鸟”是专门为特种部队设计的小型战术直升机，用于在各种气候及夜间条件下遂行轻型攻击、近距离空中支援和直接攻击任务，并为地面和空中特种作战行动提供武装直升机支持。AH-6不进行空中加油时的最大航程为250海里，巡航速度可以达到160英里每小时。就携带武器而言，AH-6可选的武器装备包括2.75英寸火箭、7.62毫米口径“米尼岗”机枪、“地狱之火”导弹、30毫米机炮和.50口径重机枪等。必要时，AH-6还可携带“陶”式反坦克导弹用于对付地面装甲目标或坚固工事。AH-6上装有“飞机板”（Aerocrafter Plank）武器运载系统，能够大大增加武器的携带量。飞机两侧机身可以各配备两个武器舱，外加炮手使用的望远瞄准器和飞行员使用的转向指示器。作为轻型攻击直升机，AH-6“小鸟”自诞生以来经受了多次实战检验，成功证明了自身的价值。

早期的“小鸟”由OH-6A“小马”直升机发展而来。OH-6A“小马” 是一种战场观察直升机，有多个变型机，包括AH-6C攻击直升机、 EH-6B电子战直升机和MH-6B运输/通用直升机。这三个机型都使用一台252轴马力①的埃里森T-63发动机驱动。其中，AH-6C和MH-6B主要用于特种作战行动。后来的众多型号则是基于波音（麦道）公司大

① 1轴马力 = 745.7瓦。

获成功的 MD-500/ MD-530 系列直升机发展而来，其中大多数是以 AH-6H 为通用的标准进行重装，并配备了一台 425 轴马力的埃里森 250- C30 涡轮轴发动机。

AH-6“小鸟”系列的最新型号是 AH-6J 攻击直升机，配备了功能更强大的发动机和改进的航空电子设备，包括一个嵌入式 GPS / 惯性导航系统和前视红外（FLIR）系统。AH-6J 可以安装两门 7 管 2.75 英寸火箭发射器和两挺 7.62 毫米 M134“米尼岗”机枪，其他备选武器包括 .50 英寸口径重机枪、40 毫米 MK19 榴弹发射器、“地狱之火”导弹和“毒刺”空空（Air-to-Air Stinger，ATAS）导弹。

对于其它相对老版的“小鸟”系列直升机，第 160 特种作战航空团也通过实施“任务增强型小鸟”（Mission-Enhanced Little Bird，MELB）计划进行升级。MELB 的主要任务是为特种作战部队（SOF）装备的 AH/MH-6 直升机增强版的研究、开发、采购和部署提供集中管理。升级装备包括一个六叶主旋翼、一个倾斜的四叶尾桨、一个 600 轴马力的主传动系统和动力更强

▲ 获得“杰出服务十字奖章”（Distinguished Service Cross）的第 160 特种作战航空团飞行员和他驾驶的 AH-6“小鸟”直升机

▲ 第 160 特种作战航空团的 AH-6J“小鸟”攻击直升机从一架航空母舰甲板上起飞，机上装有 M134 型“米尼岗”机枪和 2 门 7 管航空火箭（FFAR）

◀ 展览中的一架隶属第 160 特种作战航空团的 AH-6J“小鸟”攻击直升机，机身前方摆放着一组牵引轮。这架 AH-6J 的两侧短翼下方各装有一个 7 管 7. 5 英寸口径航空火箭（Forward Firing Aircraft Rocket，FFAR）。此外，根据需要还可以架设 7.62 毫米“米尼岗”机枪。注意机鼻位置安装的前视红外（forward looking infrared，简称 FLIR）雷达探头

劲的埃里森发动机。改进后的发动机进气道和机体结构修改使“小鸟”的总重量从 1991 千克增加到 2367 千克。

在 2000 年度的财政预算中，美军划拨了专门资金用于支持 250-C30 / R3 发动机的整合，以及将全权数字电子控制软件求精（Full Authority Digital Electronic Control software refinement）技术运用到“任务增强型小鸟”直升机上。这为 MELB 飞机提供了大量的电磁干扰和电磁反制（Electro Magnetic Interference/Electro Magnetic Countermeasure，EMI / EMC）测试，其中包括舰船电磁兼容性、达尔格林基地的完整证书和额外的飞机系统屏蔽 / 保护。FY2000 项目部分取代了大型单一功能模拟组件，代之以舰队常见的小型、轻型多功能可配置显示器，用于飞行、导航、通信和武器系统管理。

2000 年 4 月，在“埃塞克斯”号（LHD2）进行的联合舰载直升机一体化进程提供了关键的互通性信息，确保未来帮助美国满足多样化任务需求的联合行动能够取得成功，以应对未来可能面临的军事情况。“埃塞克斯”号是一艘多用途两栖攻击舰，搭载 4 架陆军直升机、2 架 UH-60A“黑鹰”和 2 架 AH-6 轻型攻击直升机。评估者使用这些直升机进行了从热加油、军械加载程序、飞行甲板上的飞机起降活动、风力参数到维护支持等所有能做的测试。

在 2001 财政年度，美军继续为埃里森 250-C30 / R3 发动机的整合以及将全权数字电子控制软件求精技术运用到“任务增强型小鸟”飞机上提供资金支持，并继续努力为 MELB 飞机提供大量的电磁干扰 / 电磁反制（EMI / EMC）测试。

# MH-6“小鸟”

在 OH-6A“小马”直升机用于特种作战任务的两个变型机中，MH-6B 是运输和通用直升机，可以携带最多 6 名士兵进行快速渗透和撤离任务。

如前所述，AH-6“小鸟”是美国陆军武器库中唯一的轻型攻击直升机，用于为特种作战部队提供攻击直升机支持。MH-6B 运输 / 通用直升机与 AH-6 攻击直升机结构基本相同，所不同的是 MH-6B 的主要用途是运输特种部队士兵，而非进行直接火力支援。MH-6B 机舱内部可以容纳 2 ~ 3 个人，外部装有折叠平台，可以搭载最多 6 个人。此外，还可以配备一个快速绳降系统、折叠梯、STABO 装置或绞车。

和 AH-6“小鸟”攻击直升机一样，MH-6B 也是第 160 特种作战航空团的专用装备。

▲ *MH-6“小鸟”直升机是一种经过改装的轻型直升机，舱门外侧装有坐板，可以运载战斗人员。该直升机只装备第 160 特种作战航空团*

第 160 特种作战航空团的 MH-6“小鸟”直升机。“小鸟”是一种小型、多用途直升机，可以用作侦察、运输人员、伤员后送等多种用途

作战行动中的第 160 特种作战航空团“小鸟”直升机编队

第 160 特种作战航空团的 MH-6“小鸟”直升机。MH-6 主要被用于渗透和撤离特种部队以及执行特种侦察任务

▲ 第160特种作战航空团的MH-6“小鸟”直升机和MH-47“支奴干”直升机

▲ 在全国运动汽车竞赛协会（NASCAR）举行的赛车比赛前作表演的MH-6“小鸟”直升机和机上搭载的陆军特种部队成员

▶ 一架第160特种作战航空团的MH-6“小鸟”直升机搭载陆军第5特种部队群的士兵在全国运动汽车竞赛协会（NASCAR）堪萨斯赛道400（Kansas Speedway 400）上作表演

▶ 一架第160特种作战航空团MH-6“小鸟”直升机外部人员坐板（External Personnel Pods，EPP）上搭载的陆军游骑兵队员

▶ 陆军游骑兵队员搭乘第160特种作战航空团的MH-6“小鸟”直升机实施突袭任务。由于体积小巧、轻便灵活，MH-6“小鸟”直升机可以将特种部队小组降落在其他中型直升机无法施展的狭窄街巷中

▲ 2007 年 3 月，亚特兰大摩托车赛，两架第 160 特种作战航空团的 MH-6 “小鸟”直升机搭载绿色贝雷帽队员准备降落

▲ 陆军游骑兵队员搭载第 160 特种作战航空团的 MH-6 “小鸟”直升机执行空中突击任务

## MH-6J /MH-6M“任务增强型小鸟”

同 AH-6“小鸟”一样，MH-6J 也正在进行“任务增强型小鸟”（MELB）升级项目。MH-6J 基于 MD-530F 改进而来，采用了功能更强大的发动机和改进的航空电子设备，包括嵌入式 GPS / 惯性导航系统和前视红外雷达（FLIR）系统，大大提高了其执行渗透和撤离任务的能力。

AH-6J 的最大起飞重量是 3950 磅①，MH-6M“任务增强型小鸟”的总重量则达到了 4700 磅。这款放大版的“小鸟”采用了 MD600 商用直升机的六叶旋翼系统、一个减噪四叶尾桨，

2009 年，安德鲁空军基地，联合服务开放参观（Joint Services Open House，简称 JSOH）航空展上展出的编号 378 的 MH-6M“小鸟”直升机

① 1 磅 = 0.45 千克。

▲ MH-6M“小鸟”直升机的驾驶舱

▲ MH-6M“小鸟”直升机的尾桨

发动机和变速器也进行了改进，其他还包括 1553 数据总线的应用、导航／飞行计划／武器管理单点数据输入。就发动机控制系统来说，A/MH-6M“小鸟”直升机使用的都是古德里奇系统。古德里奇系统的制造商——康涅狄格州西哈特福德的古德里奇工厂是美国陆军全权数字发动机控制系统（Full Authority Digital Engine Control Systems，FADEC）装备的主要供应商。古德里奇发动机控制系统还被广泛应用在 CH-47“支奴干”、OH-58“基奥瓦勇士”等直升机上。

在新的军事变革背景下，美国陆军一方面希望保留并扩大其精锐直升机部队规模，另一方面也试图减少装备飞机的整体数量。目前，第 160 特种作战航空团共装备 6 种直升机。美国陆军准备将重点集中于 3 种飞机：麦道 MH-6M“小鸟”、波音 MH-47G“支奴干”和西科斯基公司的 MH-60M“黑鹰”。MH-6“小鸟”的机队规模保持在 45 架不变。

▲ 安装了快速绳降系统的 MH-6M“小鸟”直升机

▲ MH-6M“小鸟”直升机前视图

▲ 安装了快速绳降系统的 MH-6M“小鸟”直升机

▲ 一名第 160 特种作战航空团的成员正在向 MH-6M “小鸟” 直升机上喷泡沫，为参加美国陆军特种作战航空司令部腐蚀问题研讨会的与会者们进行直升机清洗演示。第 160 特种作战航空团的直升机在执行完飞行任务返场之后都会进行清洗，以去除机身上的残留物，降低被腐蚀的危险

▲ 第 160 特种作战航空团的 MH-6M “小鸟” 直升机

▲ MH-6M“小鸟”直升机

▲ 第 160 特种作战航空团的 MH-6M“小鸟”直升机编队

▲ MH-6M“小鸟”直升机双机编队

▲ 第 160 特种作战航空团的 MH-6M“小鸟”直升机群

# MH-60K“黑鹰”

▲ 伯克利空军基地，两架隶属第 160 特种作战航空团的 MH-60K 直升机在短暂停留后起飞离开

MH-60K“黑鹰”是一种专门用于在夜间和恶劣天气条件下对敌方领土实施远程、低空渗透行动的特种作战直升机。MH-60K 由 UH － 60A 改装而来，配有一个先进的综合驾驶舱、经过升级的发动机和变速箱、前视红外雷达（FLIR）系统、地形跟踪 / 地形回避 (TF / TA) 雷达、备用内部油箱、绝对高度自动控制仪（ATAS）、外部燃料箱系统（External Tank System，ETS）、升级的舱门机枪、升级的导航和通信系统、综合航空支持设备（Aviation Support Equipment，ASE）、外部救援绞车和折叠稳定器。MH-60K 具备空中加油能力，其空中加油设备引进自美国空军 HH-60G / MH-60G“铺路鹰”直升机，MH-60K 也因此具备在恶劣天气条件下深入敌方领土的远程渗透能力。

▲ 一架装有两个 230 加仑外挂油箱的第 160 特种作战航空团 MH-60K“黑鹰”直升机。外挂油箱系统（External Tank System，ETS）可以通过 MH-60K 的受油管加满燃油，必要时也可以抛弃以减轻重量

▲ 第 160 特种作战航空团的 MH-60K“黑鹰”直升机

▲ 正准备进行空中受油的第 160 特种作战航空团 MH-60K 直升机

MH-60K 的其他改进之处还包括：能装备两个可拆卸的 230 加仑外部燃料箱、两挺 .50 口径重机枪和两挺 7.62 毫米口径“米尼岗”机枪、一个空中加油探头和一个外部绞车。在“沙漠风暴”行动中，机组人员发现 MH-60K 直升机上装备的 .50 口径重机枪发射不稳定，因此在“沙漠风暴”行动之后就将其从备选武器中移除。MH-60K 的航电设备包括交互式多功能显示器（MFDs）、前视红外雷达（FLIR）、数字地图生成器和地形回避 / 地形跟踪多模雷达。生存设备包括雷达和导弹预警系统以及红外干扰器。动力装置为两台 1843 轴马力的通用电气 T700-GE-701C 涡轮发动机。

MH-60K 能够从固定的陆上基地、远程站点或远洋船只上起飞作战，其主要任务是在各种环境条件下对特种作战部队进行公开或秘密渗透、撤离和再补给，次要任务则包括外部负载、战斗搜索和救援（Combat Search And Rescue，CSAR）以及医疗救援行动等。MH-60K 的部署始于 1994 财政年度，它也是提供给陆军第 160 特种作战航空团使用的第一种专门用于特种作战任务的飞机。除了支持特种作战任务，MH-60K 也被用于支持其他类型的美军作战和民事行动以及美国国家情报机构的一些特殊行动。1995 年之后，美军又对 MH-60K 的机上救生设备和任务设备进行了进一步的改进。

一名美国空军第 9 特种作战中队人员正坐在尾舱门处观察 MC-130P“战斗阴影”空中加油机给第 160 特种作战航空团的 MH-60K 直升机进行空中加油

2006 年的全国运动汽车竞赛协会（NASCAR）赛事上，陆军游骑兵队员从一架“暗夜潜行者”驾驶的 MH-60K“黑鹰”直升机上绳降着陆

2004年的全国运动汽车竞赛协会（NASCAR）赛事上，来自陆军第3特种部队群的绿色贝雷帽队员从一架“暗夜潜行者”驾驶的MH-60K“黑鹰”直升机上绳降着陆

## 图集九：早期的MH-60“黑鹰”直升机

**这是一组早期的MH-60“黑鹰”直升机的图片，由一位曾参加过摩加迪沙之战的退役“暗夜潜行者”成员拍摄**

UNITED STATES

## MH-60L“黑鹰”

▲ 考布斯陆军航空站，工作人员正在将一架修理好的 MH-60L“黑鹰”特种作战直升机装到平板拖车上，准备进行长途运输

MH-60L“黑鹰”是 UH-60L“黑鹰”直升机的陆军特种作战变型，其主要职责是为特种作战部队在各种环境条件下执行任务提供中型通用直升机支持，包括公开或秘密渗透、撤离和再补给。MH-60L 的次要任务包括外部负载、战斗搜索和救援（CSAR）和医疗救护行动。和 MH-60K 一样，MH-60L 也能够从固定的陆上基地、远程站点或远洋船只上起飞作战。

在 1987 年的“黄金机会”行动前夕，第 160 航空团用 M134“米尼岗”机枪取代了 MH-60A 上使用的 M60D 机枪，并增加了两个 185 加仑的罗伯逊内部辅助油箱。1989 年，第 160 航空团获得了经过改进的 UH-60L 直升机，当时机上装备的是改进型 CMS 80 驾驶舱、全球定位系统、颜色气象雷达、前视红外雷达和外部救援绞车。这个新型号后来被命名为 MH-60L。1991 年之后，MH-60L 又持续进行改进，其中 CMS 80 驾驶舱升级了新的多功能显示器、嵌入式全球定位系统和惯性导航单元。此外，还改装了更先进的飞机生存设备，添加了武器管理系统和一个空中加油探头。

相比原型机，MH–60L 进行了多种改进，包括升级的驾驶舱、备用航空电子设备、精密导航系统、前视红外雷达、飞机生存设备和外部燃料箱系统。MH–60L 的生存设备包括雷达和导弹预警系统以及红外干扰器。动力装置为两台各 1843 轴马力的通用电气 T700–GE–701C 涡轮发动机。在执行攻击任务时，MH–60L 可以在位于机身两侧的油箱外再分别加挂合适的武器。根据任务所需的航程、续航时间、载重和装载士兵的数量，可以加挂火炮、火箭或者导弹，用于加强直升机舱门或其他部位配备的机枪火力。

在美国和秘鲁特种部队的一次联合演习中，一架第 160 特种作战航空团的 MH–60L“黑鹰”直升机正在进行快速绳降。MH–60“黑鹰”是 UH–60“黑鹰”的特种作战变型，包括 MH–60K/L/M 等多种型号，机上装有先进的电子设备及诱饵发射器，具备很强的生存能力，能够胜任在高度危险的地区渗透和撤离特种部队的任务

▲ 第 160 特种作战航空团的一架 MH-60L 直升机

▲ 一架 MH-60L “黑鹰” 直升机正在沿弗罗里达州海岸线飞行

▲ 陆军第 7 特种作战群的一个特种部队小组从第 160 特种作战航空团的一架 MH-60L “黑鹰” 直升机上绳降，登上海军核潜艇甲板

第 160 特种作战航空团的直升机编队，前面是两架 MH-60L“黑鹰”，后面是一架 MH-47E“支奴干”

◀ 2011年3月18日，一架第160特种作战航空团的MH-60“黑鹰”直升机搭载“绿色贝雷帽”和游骑兵队员正在进行SPIES训练，为周末在亚特兰大摩托赛道进行的特种作战渗透演示（Special Operations Infiltration Demonstration）做准备。值得一提的是，在参加SPIES训练的人员中还有一名美国福克斯电视台体育新闻的记者

▼ 第160特种作战航空团的MH-60“黑鹰”直升机和机组人员

▲ “巴哈马拿骚”，一架隶属第 160 特种作战航空团的 MH-60L“黑鹰”直升机

▲ 2012 年 8 月 28 日，北卡罗来纳州布拉格堡，第 160 特种作战航空团的机师正在对一架 MH-60“黑鹰”直升机进行起飞前的检查。

## MH-60L DAP“直接行动渗透者”

MH-60L DAP（Direct Action Penetrator）同样基于 MH-60L 改进而来，加装了各种进攻性武器系统，能够胜任白天、夜间或恶劣天气条件下的各种任务。MH-60L DAP 的主要任务有两个，一是利用区域火力覆盖或发射精确制导弹药来执行攻击直升机行动，另一个是运载特种部队小组进行武装渗透和撤离。因此，第 160 特种作战航空团的 MH-60L DAP 拥有两个角色，它既能够作为攻击直升机进行直接行动，也能够为特种部队的渗透行动提供支援。这反映在 MH-60L DAP“直接行动渗透者”的命名中。但在发挥直接行动作用时，DAP 通常不会再用来运输部队或物资，因为直接行动任务对直升机的净重有着很高的要求。

MH-60L 的升级始于 1990 年，当时装备了前视红外雷达、地形跟踪 / 地形回避雷达和标准的 UH-60 外部存储支持系统。第 160 特种作战航空团下属的两个装备“黑鹰”直升机的连队各有一个 MH-60K 排和一个 MH-60L DAP 排。MH-60L DAP 的备选武器十分多样化，包括 30 毫米机炮、“地狱之火”导弹、70 毫米火箭、7.62 毫米“米尼岗”机枪、40 毫米榴弹发射器和 .50 口径重机枪等。基于 MH-60L DAP 的强大火力，在第 160 特种作战航空团内部，MH-60L DAP 也被非正式地称为“AH-60L”。

▲ 一架全副武装的第 160 特种作战航空团 MH-60L DAP“直接行动渗透者”直升机。MH-60L DAP 是 MH-60L“黑鹰”直升机家族中的最新一员，火力配备十分强大，包括 2 挺固定的 M134 型“米尼岗”机枪、4 发 AIM-92“毒刺”空空导弹、1 门 M230 型 30 毫米机炮和一个可容纳两枚 AGM-114“地狱火”导弹的塔架。机头下方装有前视红外（FLIR）吊舱，其中装有可为“地狱火”导弹指示方向的激光指示器。在进行以上火力配置时，MH-60L DAP 的机舱全部被各种弹药占满，将无法搭载除了飞行员外的多余人员

◀ 第 160 特种作战航空团的 MH-60L“直接行动渗透者”直升机细节图。在最右边的图上，可以清楚地看到一挺 M134 型 7.62 毫米“米尼岗”机枪（左侧）和一挺 M230 型 30 毫米链式机炮

◀ 美国海军两栖攻击舰“拿骚”（USS Nassau）号的甲板上，一名“暗夜潜行者”正在观察陆军军械人员将一门 19 管 FFAR 航空火箭安装上他驾驶的 MH-60L DAP 直升机

## 图集十：MH-60M“黑鹰”直升机

▲ 驾驶 MH-60M“黑鹰”直升机的“暗夜潜行者”正在进行起飞前的最后准备

▲ 隶属于第160特种作战航空团的两架MH-60M“黑鹰”直升机抵达肯塔基州坎贝尔堡基地

▲ “黑鹰”直升机的最新型号——MH-60M特种作战直升机拥有诸多令人震撼的新功能，包括代表最新水平的昼夜光学系统、增强型一体化武器系统、全气候多模雷达和新型高性能发动机

▲ 一架准备进行水上测试的第 160 特种作战航空团 MH-60M“黑鹰”直升机正准备降落在美国海军“黄蜂”级两栖攻击舰“巴丹”号的甲板上。MH-60M 是 MH-60“黑鹰”直升机家族中的最新一员，在正式服役之前，它必须先接受各种严格测试。在确认各项指标合格之后，才能最终获得入役许可

▲ 一架 MH-60M“黑鹰”直升机正被机组人员从一架 C-5“银河”运输机上卸离。这架“黑鹰”隶属驻地位于刘易斯－麦克科德联合基地（JBLM）的第 160 特种作战航空团第 4 营

# MH-47D“支奴干”

MH-47D“支奴干”恶劣天气驾驶舱（Adverse Weather Cockpit，AWC）直升机是一种纵列双旋翼、双发动机重型攻击直升机。MH-47D 是在 CH-47D“支奴干”的基础上，根据特种作战任务和远程飞行任务的需求进行特殊改装而形成的变型机。MH-47D 上的设备包括：气象回避 / 搜索雷达；空中加油探头；用于寻找坠落机组人员的人员定位系统；前视红外雷达；安全语音通信系统；用于快速投放和撤离人员、设备的快速绳降渗透撤离系统（Fast Rope Insertion Extraction System，FRIES）；由两挺 M134“米尼冈”机枪和一挺 M60D 机枪组成的防御武器系统以及可以承重 600 磅重量的内部救援绞车。

MH-47D 能够为特种作战部队提供远程渗透和中型攻击直升机支持，其优异的性能已经经过实战检验。根据机型的不同，它不执行加油任务时的航程是 1100 到 2000 海里。MH-47D 机舱内部长 9.14 米、宽 2.29 米、高 1.98 米。装载人员时，标准的人员座位是 33 个，

▲ 第 160 特种作战航空团的一架 MH-47D“支奴干”直升机和一架 MH-60“黑鹰”指挥 / 控制直升机停栖在“乔治·华盛顿”号核动力航空母舰甲板上。照片拍摄于 1994 年

▲ 一辆游骑兵特种作战车（Ranger Special Operations Vehicle，SOV）从第160特种作战航空团的MH-47D的尾舱门驶离。一架"支奴干"直升机能够运载一辆全副武装的SOV

加上附加座位后可以达到44个。装载车辆时，可以携带两辆吉普车或一辆软篷HMMWV（高机动性多用途车辆，或称"悍马"），但悍马的门却没有多余的空间打开。

MH-47D上配有空中加油设备，可以为编队内其他直升机提供燃料，即通常所说的"肥牛"（Fat Cow）任务。"肥牛"为特遣队指挥官提供了一个高度灵活的前线油源，大大提高了任务执行的灵活性。执行加油任务的MH-47D可以在抵达预定加油地点的10分钟内设置两个前线加油点（Forward Area Refueling Point，FARP）。在"肥牛"任务中，MH-47D不但能为其他飞机加油，如果地点允许，甚至还可以为自己加油。在执行加油任务时，每架MH-47D最多可同时为两架飞机进行重新加油，加油飞机和受油飞机的间距在60米以内，加油速率达到454升每分钟。

然而，重新加油具有内在危险性，需要大量的规划和安全措施，需要部署现场安全人员以帮助每头"肥牛"在突发情况下进行突围。MH-47D机内安装有前线区域加油设备（Forward Area Refueling Equipment，FARE），加上进行加油操作所需的人员，用于装载安全警戒人员的空间十分有限。“肥牛”任务的基本要求是要有足够的安全警戒人员以应对可能发生的危险，装载的安全人员过多会限制加油任务可用的燃料数量，安全性不足又会降低 MH-47D 在加油任务中长时间自我保护的能力。此外，许多地点无法执行 MH-47D“肥牛”操作。这可能是由于地形过度倾斜或不平坦，或者只是因为侦察地图表明不存在开阔场地。

第一架 MH-47D 最初是由第 160 特种作战航空团所属的一架 CH-47D 改装而来，配备了一个 CMS 80 驾驶舱、一个全耦合飞行控制系统、气象雷达系统和一个类似于 B-1B 轰炸机使用的数字对讲机系统。在 1984 年至 1987 年之间，又有 11 架 CH-47D 改装成为 MH-47D，这些改进包括加装前视红外雷达、M134“米尼岗”机枪和一个空中加油探头。空中加油能力给 MH-47D 带来了广阔的发展空间。

1988 年，第 160 航空团开始努力为 MH-47D 和 MH-60L 开发一个通用的驾驶舱软件架构。1989 年，这个软件架构实现，并应用在 MH-47D 上，同时采用的还有一个嵌入式全球定位系统和 3 800 加仑容量的罗伯逊内部辅助油箱。

在 1989 —1990 年的“正义事业”行动期间，MH-47D 参与了攻击发起时刻的袭击行动，支援其他特种部队进行空中突击，打乱敌人阵脚并夺取关键设施。在 1991 年“沙漠风暴”

▲ 1994 年，一架第 160 特种作战航空团的 MH-47D 直升机降落在“乔治·华盛顿”号核动力航母的甲板上

行动期间，MH–47D 执行了渗透和撤离特种部队的行动，并针对失事的盟军飞行员实施战场搜索和救援行动。

自 1989 年以来，MH–47D 进行了大量的改装，包括升级 CMS 80 驾驶舱、嵌入全球定位系统 / 惯性导航单元、换装先进的飞机逃生设备、新型发动机和救援绞车等。截至 2000 年，MH–47D 飞机仍在服役，主要是在“肥牛”任务中为其他直升机设置前线区域加油点（FARP）。由于陆军缩减了用于购买 MH–47E 的经费支出，本已到服役年限的 11 架 MH–47D 仍在继续服役。通过将全权数字电子控制（FADEC）整合到现有发动机的流体力学单元，美军升级了 MH–47D 使用的 T55 系列发动机，一方面大幅提高了飞机性能，另一方面也大大降低了操作和维护成本。在发动机入口处安装的发动机空气粒子分离器（Engine Air Particle Separator，EAPS）系统，减少了由于外物摄入造成的损失，很好地保持了发动机的清洁，但也阻止了机组人员在发动机部位进行适当的飞行前操作。

## MH–47E“支奴干”

MH–47E“支奴干”是一种远程、重型运输直升机，具备空中加油能力，并配备快速绳降系统和其他升级设备或特定作战装备。

MH–47E 是 CH–47D“支奴干”的改进型，配备有一个综合驾驶舱、前视红外雷达（FLIR）、地形跟踪 / 地形回避 (TF / TA) 雷达、导航和通信系统、升级的综合航空支持设备（ASE）和外部救援绞车，发动机也进行了升级。其他改进还包括改进主要和辅助油箱，从而显著增加了燃料携带量和飞机航程。MH–47E 拥有经过重大改进的综合航空电子设备和多模雷达，在

▲ 2013 年 8 月 26 日，华盛顿州埃弗莱特上空，来自第 160 特种作战航空团第 4 营的士兵正在进行一项历史纪念飞行任务，和他们相伴飞行的是一架二战时期的 B–25 轰炸机和一架海军 AT–6 教练机。该项庆祝活动是为了纪念陆军航空部队的诞生，以及展示过去和今天的联系

▲ 参加纪念活动的第 160 特种作战航空团的 MH-47E“支奴干”特种作战直升机和海军 AT-6 教练机。此外，还有 MH-60“黑鹰”直升机和 B-25 轰炸机

为美国陆军特种部队供渗透 / 撤离支持的同时，也可用于支援其他类型的美军作战和民事行动以及美国国家情报机构的一些特殊行动。

MH-47E 直升机主要用于远程运输任务。在 MH-47E 设计之初，美国陆军提出的技术指标是：能够在半径 300 海里（555 千米）的范围内，在任何类型的地形中，不分昼夜，也不管天气是否恶劣，全程低空飞行完成历时 5.5 小时的秘密任务，并且成功几率要达到 90%。为了帮助其长途携带沉重的负荷，MH-47E 的发动机进行了升级，并增加了可携带的燃料量。CH-47D 标准型使用的两台各 3750 轴马力的 712 发动机被两台达信·莱康明 T55l－714 发动机取代。相比 CH-47D 标准型，MH-47E 增加的额定功率超过 4000 轴马力。

MH-47E 采用了许多它之前的“支奴干”直升机上已被证实为行之有效的系统和功能，其中尤为突出的是燃料箱和空中加油系统，改进后的 MH-47E 燃料箱容量相当于 CH-47D 燃料箱容量的两倍。在生产制造方面，MH-47E 和 CH-47D 共用生产线，并在完成的最后阶段安装了大多数 E 模型系统。MH-47E 的许多技术，如综合座舱显示器、前视红外和多

▲ 一名第 160 特种作战航空团士兵正在 MH-47E 的尾舱门处进行安全检查

▲ 一架执行快速绳降演练任务的第 160 特种作战航空团 MH-47E "支奴干"直升机在空中悬停，尾舱门处的机组人员正准备将绳子放下

▲ 一架第 160 特种作战航空团的 MH-47E 悬停在空中，等待地面上的士兵将轮床准备好后拉上直升机

模雷达，都在波音 360 型"先进技术演示器"上进行了飞行试验，随后又在波音 V-22 "鱼鹰"旋翼飞机上进行了试验。

MH-47E 的综合航空电子系统（Integrated Avionics System，简称 IAS）能够进行全球通讯和导航。IAS 在引进之初是当时安装在美军直升机的同类系统中最先进的。IAS 包括前视红外和多模雷达，用于在极低能见度条件和恶劣天气条件下的贴地飞行和低空飞行。应美国陆军的要求，MH-47E 和 MH-60K 的航空电子系统能够通用和互换，因此，IAS 的关键组件，比如基础收音机、任务计算机和多功能显示器，几分钟内就可以在 MH-47E 和 MH-60K 之间完成互换。这种在不同类型的飞机之间交换航空电子设备的能力并不寻常，它意味着执行任务的部队可以在战时远离常规供应渠道的情况下，即可完成相关设备的更新，从而大大提高了任务的成功率。

1987 年 12 月，美国国防部发布了一份合同，要求开发一架 MH-47E 原型机，在完成飞行测试后再生产首批 25 架同型飞机，截止日期是 1991 年 6 月。最终，美国陆军将合同给了 IBM 联邦系

▲ 一名美国空军人员正从一架悬停在空中的 MH-47E“支奴干”直升机上绳降而下。机身前方装有一挺 M134 型“米尼岗”机枪，机身后方安装的是 M240 型弹链供弹机枪

统公司，合同随后由洛克希德·马丁公司购得，并将 IAS 分合同转给了波音公司和西科斯基公司。

最初计划生产的 51 架 MH-47E 飞机因为费用高昂（每架飞机费用至少 1400 万美元，最高高达 4000 万美元）最终只生产了 26 架。1995 年 5 月，第 26 架也是最后一架 MH-47E 飞机交付给了第 160 特种作战航空团（空降）。自 1994 年以来，第 160 特种作战航空团就一直在驾驶这种新型旋翼飞机，所有机组人员都必须完成特种作战“支奴干”直升机复杂的综合驾驶舱控制系统的训练，并掌握该项技能。

MH-47E 是由 CH-47D 直升机发展而来，改装了一套与 MH-60K 类似的任务设备组件和驾驶舱。MH-47E 系列部署了两个全动态、高保真的飞行模拟器。1995 年，MH-47E 系列又进行了改装，增加了一挺 M134“米尼冈”机枪、前视红外雷达和容量达 2800 加仑的罗伯逊辅助油箱。随后在 1995 年到 2001 年间，MH-47E 又进行了升级，其中一些改进与 MH-60K 相同。1996 年，第 160 特种作战航空团驾驶的一架美国陆军 MH-47E 在肯塔基州坎贝尔堡坠毁，造成 5 名成员丧生。调查随即展开，最终得出的结论是：造成事故的最可能原因是飞机的主配电柜（Primary Electrical Distribution Panels，简称 PDP）中进水造成了电力损耗。这场事故发生后，所有 MH-47E 上的 PDP 都改成了防水型。

▲ 陆军第 160 特种作战航空团的 Kevin Cochie 上尉在坎贝尔堡接受《防务周刊》记者采访，向后者讲述他在阿富汗执行任务期间的经历。Cochie 上尉是一位 MH-47E 直升机驾驶员，他曾在 2012 年 7 月 17 日向五角大楼汇报 MH-47E 的性能以及在阿富汗极端气候和崎岖山地的飞行表现

第一架 MH-47E“支奴干”是原型机，主要用作飞行测试。第二架和第三架 MH-47E 最初是在马里兰州帕塔克森特河海军航空测试中心（Naval Air Test Center）用于电磁环境效应和飞机生存设备能力测试。由于 CH-47D 已经进行过完整的测试，对 MH-47E 的测试仅限于影响到飞机脆弱性的那些主要改进。就 MH-47E 而言，这主要是指机舱内增加的一个 800 加仑罗伯逊辅助油箱以及波音公司设计的扩大容量的舱外侧油箱与蜂窝薄壳结构。在测试计划阶段进行的分析显示，MH-47E 最大的潜在脆弱性与投射物进入液体燃料上面的油箱有关。它可能点燃燃料蒸气，引发爆炸或火灾，其后果将是灾难性的。在测试计划中，美国特种作战司令部（USSOCOM）决定给油箱添加一个惰化系统以避免此类火灾 / 爆炸。该系统还将用于其他执行类似危险任务的直升机机型。

1998 年 5 月，美军完成了对这些系统的实弹测试。MH-47E 油箱表现极为出色，它能够承受小型武器、自动武器和高射炮炮弹的弹道冲击。按照最初的要求，油箱被设计成对 .50 口径重机枪子弹能够自动封口防爆。然而实弹测试表明，油箱设计对更大的非爆炸型炮弹也有效，而且同一油箱可以经受多次大口径弹药的冲击。这个设计也被证明能够有效地减轻高爆燃烧弹药（High-Explosive Incendiary，简称 HEI）造成的燃料损失。在实弹测试中，MH-47E 的油箱共经受了 23 次各种口径的弹药攻击，没有引起火灾，只有一次例外。就是这仅有的一次，火也自动熄灭了，没有造成任何重大损失。该设计能够抵御弹药威胁的原因部分是因为油箱被设计成防撞的，这大大增加了其抵御弹药威胁的强度和可靠性。

MH-47E 上还装备有人员定位系统（Personnel Locator System，简称 PLS），该系统使搜救飞机能够找到失事机组成员的位置而不暴露飞行员的位置。人员定位系统的部署很大程度上要归功于陆军空中工程评价支持分部（Army's Airborne Engineering Evaluation Support Branch，简称 AEESB）的研究努力。AEESB 隶属位于新泽西蒙茅斯堡的美国陆军通信和电子司令部（US Army Communication and Electronics Command），其最重要的项目之一是一个特种作战飞机“玻璃驾驶舱”的原型。大多数飞机驾驶舱含有大量的按钮、仪表和刻度盘，很容易弄混。AEESB 于 1985 年进行的数字航电系统测试最终导致了为 MH-47E“支奴干”和 MH-60K“黑鹰”特种作战直升机设计的数字化驾驶舱的诞生。这种玻璃驾驶舱基本上取代了之前飞行员用电脑屏幕操纵飞机飞行所使用的各种各样的工具。为了帮助处于过渡期的飞行员熟悉这两种特种作战飞机机身的“玻璃驾驶舱”，还采用了台式飞行训练器，这是一种交互式软件程序，用于补充 MH-47E 和 MH-60K 训练手册。

1999 年 12 月 29 日，波音公司的一个部门——波音直升机公司，获得了一份总金额约 550 万美元的合同，最终的合同总额估计达到 1100 万美元。合同要求为位于肯塔基州坎贝尔堡的第 160 特种作战航空团（空降）装备的 MH-47E 直升机长期提供用于替换的必要组件，以及制造飞机的工程服务。工程服务时间从 2000 年 1 月 1 日至 2000 年 8 月 31 日。

2000 年 9 月 28 日，位于宾夕法尼亚州费城的波音公司获得了总金额约 2567 万美元的合同（合同编号 USZA95-C-0002），要求把美军的 CH-47D 直升机升级成 MH-47E 特种

▲ 一架第 160 特种作战航空团的 MH-47E“支奴干”直升机。注意靠近机身左侧驾驶位的一个黑色圆状物，那是 AN/APQ-174A 地形跟随雷达的头部。MH-47 系列直升机还可以在机鼻部位安装气象雷达

作战直升机的配置，其中包括 BGAD 三号机型。这项工作在宾夕法尼亚州费城进行，原定于 2003 年 4 月 30 日完成。美国陆军航空中心的 CH-47 "支奴干"，绰号"猫熊 3 号"，被用来测试和评估新型飞机的系统和配置。该直升机于 2000 年 10 月初抵达费城波音公司的制造工厂，随后被拆卸、检查和修理，改造为 MH-47E 特种作战"支奴干"，绰号"黑马"。这项工作于 2003 年完工。

2002 年，在阿富汗东北部进行的"蟒蛇行动"（Operation Anaconda）中，第 160 特种作战航空团的 MH-47E"支奴干"机组成员证明了他们的战斗勇气。当时，这架 MH-47E 刚刚运载特战队员抵达战场，就 陷入了塔利班和基地组织分子精心预设的包围圈。在机枪和火箭筒的猛烈攻击下，MH-47E 强行起飞，逃出火网，抵达安全地带。在此过程中，有多名机组人员受伤，直升机的电气和液压系统也严重受损。不幸的是，一名海豹突击队员在飞机逃离时坠落，在敌人的围攻下坚持了数个小时，最终不幸牺牲。在搜索和营救这名坠落的海豹队员时，又有 2 架 MH-47E 直升机受损，5 人丧生，包括飞行员和舱门机枪手在内的多名机组人员受伤。之后，"支奴干"运载陆军特种部队返回战场，摧毁了敌人火力点。尽管此次战斗受损严重，但除了一架 MH-47E 之外，其他飞机预计都可以恢复飞行。

2005 年，按照美国特种作战司令部的要求，空军特种作战司令部在太平洋司令部和欧洲司令部责任区域内部署的 MH-53J"铺路鹰"直升机全部被第 160 特种作战航空团（空降）装备的 MH-47E 直升机所取代。

## 图集十一：MH-47"支奴干"

◀ 一名"暗夜潜行者"成员正从 MH-47"支奴干"直升机机身右前方的 M134 型"米尼岗"机枪射击平台上猛烈开火。"米尼岗"机枪是第 160 特种作战航空团的 AH-6"小鸟"、MH-60"黑鹰"和 MH-47"支奴干"直升机上的标准武器，它的高射速使得它成为对地面敌人进行大面积火力压制的理想武器

▲ 俄勒冈州安特勒普，一架隶属第 160 特种作战航空团的 CH-47“支奴干”直升机装载着刚刚结束联合训练的美国空军第 125 特殊战术中队、俄勒冈州空军国民警卫队和美国陆军特种部队的人员离开训练地点

▲ 两名“暗夜潜行者”机组人员坐在一架正在起飞的 MH-47“支奴干”的尾舱门处观察舱外。在第 160 特种作战航空团内部，飞机机师被称作“backenders”；飞行员则被称作“frontenders”

▲ 训练中的 MH-47 直升机

▲ 一名头戴 Gentex HGU-56/P 直升机乘员头盔的“暗夜潜行者”成员正从 MH-47“支奴干”直升机的 M134“米尼岗”机枪射击孔处探出头观察机舱外。“米尼岗”机枪是一种空气冷却的 6 管加特林机枪，有效射程达 1000 米。“米尼岗”机枪是第 160 特种作战航空团直升机的标准配置，火力强大，是在直升机起飞或降落时对着陆区域进行大面积火力压制的理想武器。但“米尼岗”机枪也有一个潜在的致命缺陷，就是它依靠直升机上的电力驱动。一旦直升机供电系统发生故障（比如损坏或坠毁），“米尼岗”机枪将无成为无用之物。正因为此，MH-47 系列直升机上会在机身后部同时安装 M240 型弹链供弹机枪，以备紧急启用

▲ 2008 年 9 月 28 日，堪萨斯赛道，一辆福特赛车经由一架第 160 特种作战航空团的 MH-47“支奴干”远程运输抵达目的地

▲ 2010 年 1 月，一架 MH-47“支奴干”直升机正准备降落在加利弗尼亚州的沙漠地区

▲ 一架第 160 特种作战航空团的 MH-47“支奴干”直升机正准备着陆。在昼间地面指引直升机着陆时，燃放黄色烟幕是经常使用的手段

▲ 一架第 160 特种作战航空团的 MH-47“支奴干”直升机正准备和一架 MC-130P“战斗阴影”加油机进行空中加油作业。这架 MC-130P 隶属第 17 特种作战中队（Special Operations Squadron）

▲ 两名隶属第 17 特殊行动中队的专业军士坐在 MC-130P“战斗阴影”加油机的尾舱门上观察并引导第 160 特种作战航空团的 MH-47“支奴干”直升机正确捕捉加油浮标

▲ 2007 年 3 月，亚特兰大摩托赛，一架第 160 特种作战航空团的 MH-47 直升机正准备降落。这架 MH-47 将搭载陆军特种部队向公众进行渗透行动演示

## MH-47G“支奴干”

▲ 2004年，波音公司展览上的第一架MH-47G“支奴干”特种作战直升机

上世纪90年代末期，随着MH-47D和MH-47E在美军中服役时间的延长，开发一种能够取代这两者的新机型的计划逐渐被提上了日程。CH-47F项目就在这种情况下诞生了。

对于美军现有庞大的“支奴干”直升机机群来说，CH-47F项目提供了进行现代化改造的技术支撑，使其在进入21世纪后拥有更强大的重载旋转翼飞机。现代化改造包括飞机再制造、减振、改进航空电子综合数字任务管理系统和数字地图以及安装更强大的霍尼韦尔T55-GA-14A-714发动机等。经过改造之后的“支奴干”，其运营和支持成本相比初始的CH-47D大大降低，至少还可继续经济、高效地服役20年。CH-47F的技术进步又为全新的现代化“支奴干”——MH-47G奠定了基础。2001年5月，有消息称美国特种作战司令部和技术应用合约办公室（Technology Applications Contracting Office）都打算购买一架MH-47G直升机。2003年底，所有用于执行特殊任务的25架MH-47E和11架MH-47D都被改装成了MII-47G。

按照设计要求，MH-47G既要具备MH-47D的功能，还要具备与现有的MH-47E相同的功能。这些功能包括但不限于：任务管理；飞机性能；多模雷达操作；数字地图；飞机

▲ 一架第 160 特种作战航空团的 MH-47G“支奴干”正准备通过直升机尾舱门处的快速绳索渗透/撤离系统快速部署特种作战小组，高速旋转的直升机旋翼形成的下降气流将地面杂物卷向空中。MH-47G“高尔夫”是第 160 特种作战航空团最新的重型运输直升机，由 CH-47F“支奴干”改进而来，机上装有最新的通用航空电子设备架构系统（Common Avionics Architecture System，简称 CAAS）

生存能力设备控制；双重嵌入全球定位系统（GPS）/惯性导航单元（INU），简称 EGI。安装第二个 EGI 的目的是为飞机提供精度更好也更为可靠的备用导航器，它取代了原来机型上安装的航向参考系统（Aircraft Heading Reference System，简称 AHRS）。按照要求，所有的陆军特种作战飞机都拥有能够接收和显示近实时情报数据（Near Real Time Intelligence Data，NRTID）的能力，以向机组人员和载员提供最新的态势感知。MH-47G 自然更不例外。

2004 年 5 月 6 日，作为 MH-47G 特种作战直升机的制造商，波音飞机公司在宾夕法尼亚州雷德利公园举行了 MH-47G 的首次公开展览庆典。在庆典上，美国陆军特种作战部队接收了他们的第一架 MH-47G“支奴干”直升机。在此之后，陆军和波音公司之间的采购和销售一直持续到 2011 财政年度。2011 年 5 月 7 日，波音公司声称，它将至少生产 37 架全新的 MH-47G，其余的 MH-47G 的机身将由对现有的 MH-47D 和 MH-47E 飞机机身升级而来。根据美国陆军货运直升机现代化计划，要求波音公司到 2011 年另外再制造并交付至少 58 架 MH-47G（美国陆军在 2011 年 5 月 11 日的报道中则称数量是 61 架）以满足特种作战部队的紧迫要求。

2004 年 7 月 22 日，波音公司宣称，它已比原定计划提前两个月将第一架 CH-47F 直升机交付给了美国陆军。这架 CH-47F 是首批 7 架当中的第 1 架，最初是用于飞行示范。剩下的 6 架飞机都是 MH-47G“支奴干”，预定在 2005 年 3 月交付。为了首先确保满足美国

▲ 一架正在进行前旋翼维修的第160特种作战航空团MH-47G直升机

陆军特种部队行动的需要，波音公司将在2006年交付下一架CH-47F之前先升级改造大约30多架MH-47G“支奴干”。

2005年1月，有报道称，截止到2018年，美国陆军将委托波音直升机公司将所有的CH－47“支奴干”升级到新的CH-47F标准。新的“支奴干”将配备一个现代化“玻璃驾驶舱”通用航空电子设备。该通用航电设备架构系统是基于MH-47G的通用核心构建而成。UH-60M和MH-60M直升机项目都使用与之相同的系统。

2006年9月13日，美国国防部宣布，佛罗里达克利尔沃特的国防和航天电子系统下属的霍尼韦尔公司获得了一份价值619万美元的合同。合同要求霍尼韦尔公司通过位于俄亥俄州赖特－帕特森空军基地的三军嵌入全球定位办公室提供88个嵌入式全球定位/惯性导航系统用于MH-47G/TSPI/MH-6/SOA/F-16/AH-64D平台的安装、一个TSPI平台的返厂维修承包商、5个用于TSPI平台的集成单位（改造套件）和4个9.8英寸的MH-47G平台底座。这项工作预定于2008年7月完成。俄亥俄州赖特－帕特森空军基地的航空系统中心总部负责合同事务。

2007年1月10日，雷神公司宣布，美国特种作战司令部授予其一份价值1.354亿美元的合同，用于为旋转翼和固定翼飞机开发一个新的战术雷达。这份系统设计和开发合同于

2006年12月12日正式签署，最初拨款为2850万美元，要求雷神公司对新型“沉默骑士”(Silent Knight)雷达进行构建、测试和集成。该系统将会作为一个通用多模地形跟随/地形回避雷达服务于各种平台，其中包括MH-47G直升机。

2007年6月29日，位于宾夕法尼亚州雷德利公园的波音公司获得了5270万美元的交付订金，这只是将H-47飞机升级改造为全新配置的MH-47G直升机计划的1.473亿美元固定价格合同的一部分。改装工作将会在雷德利公园(98.3%)和特拉华州米德尔顿(1.7%)进行，预计将于2008年8月30日结束。该合同始于2006年6月28日，波音公司是合同的单一供应商，由位于弗吉尼亚州尤斯蒂斯堡的美国陆军航空与导弹司令部负责合同事宜。就在同一天，波音公司还获得另一笔650万美元的交付订金，合同总金额为1.12亿美元。

2007年12月7日，波音公司声称，他们已经成功为内华达州内尔尼斯空军基地的美国空军完成了一系列MH-47G示范飞行，用于支持其下步投标美国空军作战搜索和救援(CSAR-X)项目。2007年，波音公司称，其在宾夕法尼亚州雷德利公园的制造工厂已经交付了总数量为36架的多种型号的“支奴干”飞机，包括4架MH-47G。MH-47G交付于2007年，距第一架CH-47F下线仅仅13个月。

2008年5月6日，美国国防部宣布，亚利桑那州凤凰城的霍尼韦尔国际公司获得了

▲ CH-47G“支奴干”特种作战直升机

最高金额达 4895 万美元的固定价格不定期交付 / 不确定数量（Indefinite Delivery/Indefinite Quantity，IDIQ）发动机合同，用于 T55-GA-714A 发动机和 MH-47G 直升机组件的维修保养。该项工作将主要在南卡罗来纳州的格里尔进行，预计将于 2012 年 12 月 31 日完成。

2009 年 4 月 24 日，宾夕法尼亚州雷德利公园的波音公司获得了价值 2295 万美元的固定价格合同，将 3 架 MH-47E 升级改造为 MH-47G。该项工作在宾夕法尼亚州的费城进行，预计竣工日期是 2011 年 12 月 15 日，由位于弗吉尼亚州的尤斯蒂斯堡的美国陆军航空与导弹司令部负责合同事宜。

▲ MH-47G“支奴干”特种作战直升机

▲ 机场跑道上的一架 MH-47G 直升机

▲ MH-47G 特种作战直升机

▲ 第 160 特种作战航空团驾驶的 MH-47G 特种作战直升机。正是由于 MH-47G 的出现，美国空军将所有的 MH-53M“铺路鹰”直升机全部退役

▲ 机场跑道上的一架 MH-47G 直升机

▲ 第 160 特种作战航空团的 MH-47G 直升机

▲ 在直升机投放训练中，MH-47G 机组人员将绳梯从尾舱门放下，让水中的参训人员可以沿绳梯攀爬上来

▲ 刚刚转场至刘易斯—麦克科德联合基地（JBLM）的 2 架 MH-47G 特种作战直升

# MQ-1C “灰鹰”

MQ-1C“灰鹰”增程多用途（Extended Range Multipurpose，ERMP）无人机系统（Unmanned Aircraft System，UAS），曾被称为“ERMP 勇士”、“空中勇士”和“MQ-1C 勇士”。MQ-1C 主要用于满足美国陆军对长航时、武装无人驾驶飞机系统的需求。相比之前的战术无人机，它航程更远、飞行高度更高，负载也更为灵活。

MQ-1C 可以长时间在空中停留，既能对预定目标进行持久监视，也能在广域地域内实施侦察、监视、目标捕获、通信中继和攻击任务，从而为作战指挥官提供实时反应能力。MQ-1C 由重油发动机（Heavy Fuel Engine，简称 HFE）驱动，性能更好、燃油效率更高，使用战场上常见的燃料，但拥有更长的使用寿命。

▲ *利比陆军机场，第 160 特种作战航空团 E 连成立仪式上进行展览的 MQ-1C 无人驾驶飞机系统*

▲ 伊拉克塔基军营，一架刚刚执行完对巴格达地区空中监视任务的MQ-1C“灰鹰”无人机正在降落。“灰鹰”是美国陆军最新的“空中之眼”，在伊拉克接受“快速反应能力1”（Quick Reaction Capability 1）的测试，该部队是伊拉克美军唯一装备“灰鹰”的部队

MQ-1C“灰鹰”无人机系统是一组机队，包括12架无人驾驶飞机、6个一站式地面控制站（One System Ground Control Stations，OGCS）、6个地面数据终端（Ground Data Terminals，GDT）、3个便携式地面控制站（Portable Ground Control Stations，PGCS）、3个便携式地面数据终端（Portable Ground Data Terminals，简称PGDT）、3个卫星地面数据终端（Satellite Ground Data Terminals，SGDT）、1个自动起飞和降落系统（Automated Take-off and Landing System，ATLS）、轻基质战术飞行器（Light Medium Tactical Vehicles，LMTV）和其它地面保障设备。每个MQ-1C灰鹰无人机系统由128名士兵操作和维护，分配给一个战斗航空旅（Combat Aviation Brigade）。

MQ-1C灰鹰是一份始于2005年的“增程多用途（ERMP）无人驾驶飞行器”合同的成果。通用原子公司（General Atomics）利用其大获成功的RQ/MQ-1“捕食者”攻击机开发出了“勇士”的原型机，并成功击败了诺斯罗普·格鲁曼公司由RQ-5B“猎人”衍生而来的“猎人二代”

无人机，赢得了这份合同。这架飞行器在最初发展阶段也被称为“ERMP 勇士”，后来又被称为“勇士 A/ 阿尔法勇士”和“空中勇士 / 0 阻碍勇士”。

“ERMP 勇上”无人机能够一大 24 小时持续飞行，并尝试进行了模块化设计，以为作战指挥官提供不同的功能。美国陆军最初对“勇士 A/ 阿尔法勇士”无人机的正式命名是“YMQ-12A”，但在 2006 年定名为“YMQ-1C”。到 2011 年，这种处于初始、低速生产阶段的无人机被正式命名为 MQ-1C“灰鹰”。值得一提的是，术语“中空长航时”（Medium Altitude Endurance，MAE）也与 MQ-1C 相关。

## 图集十二：海上降落

▲ 一架第 160 特种作战航空团的 MH-47“支奴干”直升机正准备降落在美国海军“哈金斯”号导弹驱逐舰的甲板上

▲ 一架进行甲板降落资格训练的第 160 特种作战航空团的 MH-47G 直升机正准备降落在美国海军两栖攻击舰“麦金岛”号的甲板上

▲ 一架支援绿色贝雷帽部队飞行甲板资格训练（flight deck qualifications）的第 160 特种作战航空团的 MH-47“支奴干”直升机正准备降落在 USS Rushmore 船坞登陆舰的甲板上

▲ 2014 年 2 月 24 日，大西洋，一架进行甲板降落资格训练的第 160 特种作战航空团的 MH-60“黑鹰”直升机正准备降落在一艘美国海军阿利伯克级导弹驱逐舰“严肃”（USS Gravely，舷号 DDG 107）号的甲板上

▲ 2012 年 10 月 9 日，太平洋，一架第 160 特种作战航空团的 MH-47G 直升机正准备降落在美国海军两栖攻击舰“麦金岛”（舷号 LHD 8）号的飞行甲板上。这是第一次有陆军的“支奴干”直升机降落在“麦金岛”号上面

2014 年 4 月 28 日，太平洋，一架隶属第 160 特种作战航空团第 4 营 A 连的 CH-47“支奴干”正准备降落在海军两栖攻击舰“贝里琉”（舷号 LHA 5）号的甲板上。“贝里琉”号正在为即将到来的部署行动进行海上试验

▲ 即将在甲板降落的 CH-47“支奴干”

▲ 2014 年 4 月 28 日，太平洋，美国海军两栖攻击舰“贝里琉”号上的两名海军人员正在固定一架第 160 特种作战航空团的 CH-47“支奴干”直升机

# 附录一：大事记

| | |
|---|---|
| 1981 年 1 月 20 日 | 第 160 特遣队组建。 |
| 1981 年 10 月 16 日 | 第 160 航空营成立，隶属第 101 空中突击师。 |
| 1983 年 10 月 | 参加美国入侵格林纳达的“紧急暴怒”行动。 |
| 1986 年 10 月 16 日 | 部队番号变更为第 160 航空群，脱离第 101 空中突击师建制。 |
| 1987 年 7 月 – 1988 年 8 月 | 参加在波斯湾护航的“诚挚意志 / 黄金机会”行动。 |
| 1988 年 5 月 – 7 月 | 实施偷运苏制米 -24“雌鹿”直升机的“希望山三号”行动。 |
| 1989 年 12 月 – 1990 年 1 月 | 参加美军入侵巴拿马的“正义事业”行动。 |
| 1990 年 6 月 28 日 | 部队番号变更为第 160 航空（团），隶属美国陆军特种作战司令部。 |
| 1990 年 8 月 – 1991 年 4 月 | 参加美军阻止伊拉克入侵科威特的“沙漠盾牌 / 沙漠风暴”行动。 |
| 1993 年 8 月 – 10 月 | 参加美军在索马里维和的“重建希望 / 哥特之蛇”行动。 |
| 1999 年 1 月 – 2 月 | 参加美国对伊拉克实施空中打击的“沙漠之狐”行动。 |
| 2001 年 10 月 – 2012 年末 | 参加美军入侵阿富汗的“持久自由”行动。 |
| 2003 年 3 月 – 2010 年 8 月 | 参加美军入侵伊拉克的“伊拉克自由”行动。 |
| 2005 年 10 月 1 日 | 部队番号变更为第 160 航空团，正式成为美国陆军团系统中的一员。 |
| 2011 年 3 月 25 日 | 转隶美国陆军特种作战航空司令部。 |
| 2011 年 5 月 1 日 | 参加美国猎杀本 · 拉登的“海神之矛”行动。 |

# 附录二：战亡者名单（Memorial Wall）

CW2 Bobby M. Crumley
SP4 Timothy Hensley
CW3 John W. Williams
LTC Michael C. Grimm
SGT Ricky D. Zizelman
CW4 Ralph L. Thompson
CW2 Donald R. Alvey
SGT Claude J. Dunn
SP4 Jerry L. Wilder
PFC Gregory D. Eichner
CW4 Larry K. Jones
CW3 Thomas B. Crossan III
CW2 James N. Jansen
SSG Mark J. Rielly
SSG Luis A. Sanchez
SSG Mark D. Cornwell
CPT Robert E. Brannum
WO1 Allen E. Jennings
CW2 David W. Jordan
CW3 William H. Tuttle
SP4 Richard J. Thompson
CPT Keith J. Lucas
1SG Ronnie R. Orebo
CPT Frederick M. Maddock II
CW3 Stephen A. Hansen
CW3 Jerry H. Landgraf
1LT John R. Hunter
CW3 Wilson B. Owens
CPT Charles W. Cooper
CW3 Michael F. Anderson
SSG Mario Vega-Velazquez

SSG Christopher J. Chapman
MAJ Robert P. Mallory
CW4 Clifton P. Wolcott
CW3 Donovan L. Briley
CW4 Raymond A. Frank
SSG Thomas J. Field
SSG William D. Cleveland Jr.
CW3 Carlos P. Guerrero
SSG Edwidge Pierre
SGT Jeffrey D. Tarbox
CW5 Walter M. Fox
CW3 Pierre R. Desroches
CW3 William R. Monty Jr.
SSG Tracy A. Tidwell
SSG Bradley C. Beem
SGT Edward G. Palacio
MAJ Curtis D. Feistner
CPT Bartt D. Owens
CW2 Jody L. Egnor
SSG James P. Dorrity
SSG Kerry W. Frith
SSG Bruce A. Rushforth, Jr.
SGT Jeremy D. Foshee
SGT Thomas F. Allison
SGT Philip J. Svitak
CW3 Mark O'Steen
CW3 Thomas Gibbons
SSG Gregory Frampton
SSG Daniel Kisling
SPC Robert D. Lund
MAJ Stephen C. Reich

CW4 Chris J. Scherkenbach
CW3 Corey J. Goodnature
SFC Marcus V. Muralles
MSG James W. Ponder, III
SFC Michael L. Russell
SSG Shamus O. Goare
SGT Kip A. Jacoby
MAJ Matthew W. Worrell
CW5 Jamie D. Weeks
CW4 Michael L. Wright
SGT Christopher M. Erberich
SGT Michael D. Hall
SGT Rhonald E. Meeks
CW3 Hershel D. McCants, Jr.
CW3 John A. Quinlan
SGT Adam A. Wilkinson
SPC Brandon D. Gordon
SPC Travis R. Vaughn
PFC Blaine N. Adams
CW4 Robert Johnson
CW4 Terrance Geer
SSG Paul Jackson
SSG Chad Tucker
CW4 Michael P. Montgomery
CW3 Niall D. Lyons
SFC James R. Stright
SSG Shawn H. McNabb
SGT Nickolas A. Mueller
SGT Josue E. Hernandez-Chavez
CPT John "David" Hortman
CW3 Steven Redd

# 附录三：美国陆军军衔列表

| 国防部级别 | 佩章 | 军衔 | 英文缩写 | 北约代码 |
|---|---|---|---|---|
| O-11 |  | 五星上将 | GA | OF-10 |
| O-10 |  | 上将 | GEN | OF-9 |
| O-9 |  | 中将 | LTG | OF-8 |
| O-8 |  | 少将 | MG | OF-7 |
| O-7 |  | 准将 | BG | OF-6 |
| O-6 |  | 上校 | COL | OF-5 |
| O-5 |  | 中校 | LTC | OF-4 |
| O-4 |  | 少校 | MAJ | OF-3 |
| O-3 |  | 上尉 | CPT | OF-2 |
| O-2 |  | 中尉 | 1LT | OF-1 |
| O-1 |  | 少尉 | 2LT | OF-1 |
| W-5 |  | 五级准尉 | CW5 | WO-5 |
| W-4 |  | 四级准尉 | CW4 | WO-4 |

| | | | | |
|---|---|---|---|---|
| W-3 |  | 三级准尉 | CW3 | WO-3 |
| W-2 |  | 二级准尉 | CW2 | WO-2 |
| W-1 |  | 一级准尉 | WO1 | WO-1 |
| E-9 |  | 陆军总军士长 | SMA | OR-9 |
| E-9 |  | 指挥军士长 | CSM | OR-9 |
| E-9 |  | 主任军士长 | SGM | OR-9 |
| E-8 |  | 第一军士长 | 1SG | OR-8 |
| E-8 |  | 军士长 | MSG | OR-8 |
| E-7 |  | 一等军士 | SFC | OR-7 |
| E-6 |  | 上士 | SSG | OR-6 |
| E-5 |  | 中士 | SGT | OR-5 |
| E-4 |  | 下士 | CPL | OR-4 |
| E-4 |  | 专业军士 | SPC | OR-4 |
| E-3 |  | 一等兵 | PFC | OR-3 |
| E-2 |  | 二等兵 | PV2 | OR-2 |
| E-1 | | 新兵 | PVT | OR-1 |

# 附录四：相关军语

| | |
|---|---|
| Army Special Forces<br>陆军特种部队 | Naval Special Warfare Command(NSWC)<br>海军特种作战司令部 |
| Army Rangers<br>陆军游骑兵 | Special Operation Command Central (SOCCENT)<br>中央特种作战司令部 |
| Delta Force<br>三角洲部队 | Special Operation Command SOUTH (SOCSOUTH)<br>南方特种作战司令部 |
| Navy SEALs<br>海军海豹 | Army Training and Doctrine Command (TRADOC)<br>陆军训练和条令司令部 |
| Special Warfare Combatant-Crewman（SWCC）<br>特种作战战斗舟艇艇员 | Operation EAGLE CLAW<br>“鹰爪”行动 |
| Marine Special Operation Regiment（MSOR）<br>海军陆战队特种作战团 | Operation HONEY BADGER<br>“蜜獾”行动 |
| Special Tactics Squadron<br>特殊战术中队 | Operation URGENT FURY<br>“紧急暴怒”行动 |
| Special Operations Squadron<br>特种作战中队 | Operation EARNEST WILL<br>“诚挚意志”行动 |
| Task Force 160<br>160 特遣队 | Operation PRIME CHANCE<br>“黄金机会”行动 |
| 160th Aviation Battalion<br>第 160 航空营 | Operation MOUNT HOPE III<br>“希望山三号”行动 |
| 160th Special Operations Aviation Group (SOAG)<br>第 160 特种作战航空群 | Operation JUST CAUSE<br>“正义事业”行动 |
| 160th Special Operations Aviation Regiment (SOAR)<br>第 160 特种作战航空团 | Operation DESERT SHIELD/DESERT STORM<br>“沙漠盾牌 / 沙漠风暴”行动 |
| Army Special Operations Aviation Command (USOAC)<br>陆军特种作战航空司令部 | Operation GOTHIC SERPENT<br>“哥特之蛇”行动 |
| Army Special Operations Command(ASOC)<br>陆军特种作战司令部 | Operation UPHOLD DEMOCRACY<br>“维护民主”行动 |

| | |
|---|---|
| Operation JOINT ENDEAVOR<br>“共同努力”行动 | Adverse Weather Cockpit(AWC)<br>恶劣天气驾驶舱 |
| Operation ASSURED RESPONSE<br>“确保回应”行动 | Integrated Avionics System(IAS )<br>综合航空电子系统 |
| Operation DESERT THUNDER<br>“沙漠惊雷”行动 | Tactical Air Navigation (TACAN) System<br>战术空中导航系统 |
| Operation Desert Fox<br>“沙漠之狐”行动 | Airborne Warning and Control System (AWACS)<br>空中预警和控制系统 |
| Operation Enduring Freedom<br>“持久自由”行动 | Personnel Locator System<br>人员定位系统 |
| Operation Iraqi Freedom<br>“伊拉克自由”行动 | Aircraft Heading Reference System ( AHRS )<br>飞机航向参考系统 |
| Operation Neptune Spear<br>“海神之矛”行动 | Near Real Time Intelligence Data ( NRTID )<br>近实时情报数据 |
| Basic Mission Qualified ( BMQ )<br>基本任务资格 | Mobile Sea Bases (MSB)<br>移动海上基地 |
| Fully Mission Qualified ( FMQ )<br>完全任务资格 | Unmanned Area Vehicle (UAV)<br>无人机 |
| Flight Lead Qualified ( FLQ )<br>指挥飞行资格 | Navy Light Airborne Multi-Purpose System (LAMPS)<br>海军轻型机载多用途系统 |
| Noncombatant Evacuation Operation (NEO)<br>非战斗撤离 | Fast Rope Insertion Extraction System (FRIES )<br>快速绳降渗透撤离系统 |
| Forward Area Refuel/Rearm Points( FARP )<br>前线燃料和武器再补给点 | Combat Search and Rescue (CSAR)<br>战斗搜索和营救 |
| Forward Looking Infrared Radar (FLIR)<br>前视红外雷达 | Distinguished Flying Cross<br>杰出飞行十字勋章 |
| Auxiliary Fuel Tanks<br>内部辅助油箱 | |

## Night Stalkers Don't Quit!

Service in the 160th is a calling only a few will answer for the mission is constantly demanding and hard. And when the impossible has been accomplished the only reward is another mission that no one else will try. As a member of the Night Stalkers I am a tested volunteer seeking only to safeguard the honor and prestige of my country, by serving the elite Special Operations Soldiers of the United States. I pledge to maintain my body, mind and equipment in a constant state of readiness for I am a member of the fastest deployable Task Force in the world – ready to move at a moments notice anytime, anywhere, arriving on target plus or minus 30 seconds.

I guard my unit’ s mission with secrecy, for my only true ally is the night and the element of surprise. My manner is that of the Special Operations Quiet Professional, secrecy is a way of life. In battle, I eagerly meet the enemy for I volunteered to be up front where the fighting is hard. I fear no foe’ s ability, nor underestimate his will to fight.

The mission and my precious cargo are my concern. I will never surrender. I will never leave a fallen comrade to fall into the hands of the enemy and under no circumstances will I ever embarrass my country.

Gallantly will I show the world and the elite forces I support that a Night Stalker is a specially selected and well trained soldier.

I serve with the memory and pride of those who have gone before me for they loved to fight, fought to win and would rather die than quit.

"The Lord knows the way I take, and when He has tested me, I shall come forth as gold"

## 内 容 提 要

美国陆军第160航空团是美国陆军特种作战司令部下属的一支精锐特种部队，主要负责为特种作战行动提供直升机支援。他们擅长在夜间行动，利用夜色的掩护悄悄接近对手，发动致命一击，因此又被称作“暗夜潜行者”。

本书以图文并茂的形式，全面而深入地介绍了第160航空团的历史、概况、现状和经典战例，对于有志于了解该部队的读者来说，是不可多得的珍贵资料。

本书可供青少年、部队官兵和特种部队爱好者阅读。

图书在版编目（CIP）数据

第160航空团 / 方戟编著. -- 北京：航空工业出版社，2015.10

（飞鹰军事百科）

ISBN 978-7-5165-0894-7

Ⅰ. ①第… Ⅱ. ①方… Ⅲ. ①特种部队—美国—普及读物 Ⅳ. ① E712. 56-49

中国版本图书馆CIP数据核字(2015)第233823号

第160航空团

Di 160 Hang Kong Tuan

航空工业出版社出版发行

（北京市朝阳区北苑2号院 100012）

发行部电话：010-84936597 010-84936343

北京世汉凌云印刷有限公司印刷　　全国各地新华书店经售

2015年10月第1版　　2015年10月第1次印刷

开本：787×1092 1/16　　印张：14.5　　字数：236千字

印数：1—4000　　定价：42.00元